누군가의 엄마, 아내, 딸…
수많은 이름으로 불리는 당신이지만,
우리는 다른 누구도 아닌 당신이라는 존재,
_____님이
먼저 스스로를 위할 줄 알고, 행복했으면 좋겠습니다.
그래야 당신으로 인한 누군가들도 행복해질 수 있으니까요.

지랄발광 사춘기,
흔들리는 사십춘기

지랄발광 사춘기,
흔들리는 사십춘기

초판 1쇄 발행 2022년 5월 13일

지은이 | 김지영, 김신실

발행인 | 최윤서
편집장 | 최형임
디자인 | 김수경
마케팅 지원 | 최수정
펴낸 곳 | 교육과실천
도서문의 | 02-2264-7775
인쇄 | 031-945-6554 두성 P&L
일원화 구입처 | 031-407-6368 (주)태양서적
등록 | 2018년 4월 2일 제2018-000040호
주소 | 서울특별시 중구 창경궁로 18-1 동림비즈센터 505호
ISBN 979-11-90113-19-9 (13590)

책값은 뒤표지에 있습니다.
저작권법에 따라 한국 내에서 보호를 받는 저작물이므로 무단 전재 및 복제를 금합니다.

아이의 성장을 응원하고
자기만의 색을 찾아가는 엄마들을 위한 따뜻한 관계심리학

지랄발광 사춘기, 흔들리는 사십춘기

김지영, 김신실 지음

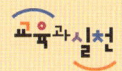

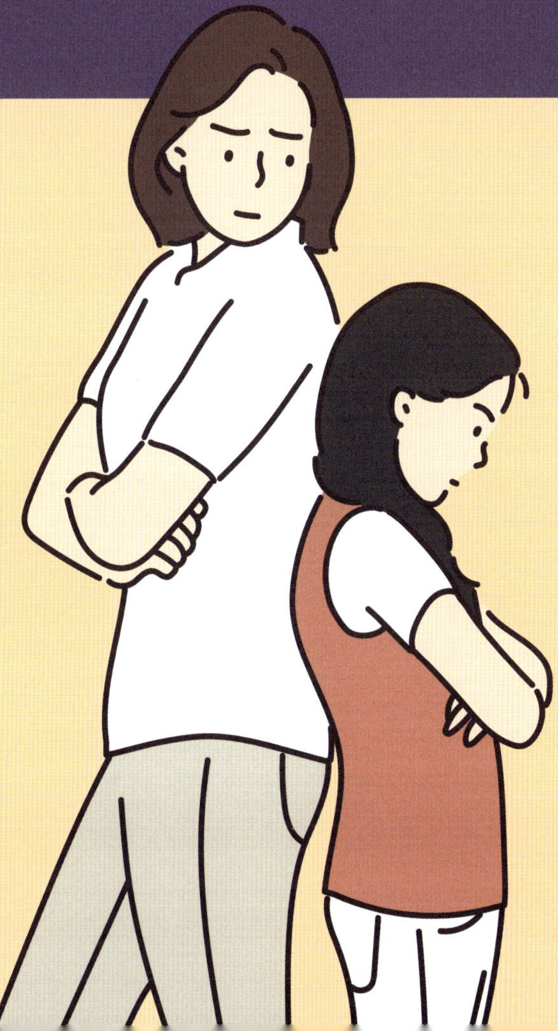

교육과실천

• 읽기 전에

  이 책에 소개된 상담 사례는 여러 이야기들을 전체적으로 가공하고 각색한 내용입니다.
  저희는 언제나 상담의 가장 기본적인 윤리인 "비밀보장"을 준수하고 있습니다.

CONTENT

프롤로그 내가 그럴 줄 몰랐다. 그리고 네가 그럴 줄 정말 몰랐다 — 9
『사랑해 사랑해 사랑해』

Part 1 사춘기 : 지랄발광 내 새끼

제1화	나는 누구일까? 끝없는 질문 속으로	— 19
	『이게 정말 나일까?』	
제2화	파랗고 빨갛고 투명한 나는 누구일까?	— 27
	『파랗고 빨갛고 투명한 나』	
제3화	나만의 왕국에서 내 맘대로 하고 싶어	— 35
	『백만 년 동안 절대 말 안 해』	
제4화	다른 사람은 나를 어떻게 보고 있을까?	— 47
	『줄무늬가 생겼어요』	
제5화	우리 엄마, 아빠가 달리 보여요	— 59
	『엄마 모습』	
제6화	내게 너무나 중요한 그대. '친구'라는 이름	— 69
	『나랑 같이 놀자』	
제7화	사춘기 아이들의 사랑, 깊어지는 이성 관계	— 81
	『내 사랑을 받아 줘』	
제8화	휘몰아치는 파도 같이 흔들리는 마음	— 97
	『떠나고 싶은 날에는』	
제9화	슬픔이를 위한 집을 짓는 사춘기 아이	— 111
	『슬픔이를 위해 지은 집』	

Part 2 사십춘기 : 흔들리는 엄마

제1화 사춘기 아이와의 관계를 위한 열쇠 : 애착 — **127**
『길 떠나는 너에게』

제2화 나의 엄마와 나, 그리고 나의 아이 — **135**
『악어 엄마』

제3화 이만하면 충분히 좋은 당신에게 — **151**
『우리는 언제나 다시 만나』

제4화 외로움과 공허 속에 흔들리는 당신에게 — **165**
『너도 외롭니?』

제5화 혼자가 좋은 당신에게 — **177**
『난 혼자가 좋아』

제6화 관계가 혼란스러운 당신에게 — **191**
『그렇게 나무가 자란다』

제7화 아이의 좌절을 용납할 수 없는 당신에게 — **205**
『메두사 엄마』『손, 아귀』

Part 3 너와 나 : 그럼에도…, 다시 잇다

제1화	내 마음에도 위로가 필요합니다	— 221
	『봄날의 개』, 『가끔씩 나는』	
제2화	난 그럴 수밖에 없었어요	— 233
	『마음 수영』, 『행복한 여우』	
제3화	사춘기 아이를 안아주고 버텨주는 엄마	— 247
	『언제까지나 너를 사랑해』, 『나의 두발자전거』	
제4화	이제는 조금씩 거리를 두고	— 257
	『울타리 너머』, 『적당한 거리』	
제5화	사춘기 아이의 마음에 가만히 다가가는 엄마	— 269
	『가만히 들어주었어』	
제6화	아이의 행동 이면에 담긴 감정과 욕구에 주목하기	— 281
	『가시소년』, 『내 말 좀 들어 주세요』	
제7화	행복한 아이를 만드는 엄마의 칭찬	— 291
	『행복한 나무늘보』	
제8화	빛과 그림자를 모두 볼 수 있는 힘	— 301
	『조금 부족해도 괜찮아』, 『부끄럼쟁이 아냐, 생각쟁이야!』	

에필로그	그럭저럭 괜찮은 엄마를 위해	— 311
	『엄마 왜 안 와』	

추천의 글

저자 소개

아이를 키우는 집이라면 한 권씩 다 소장하고 있는 그림책이라고 해도 과언이 아닐 만큼 세계적인 베스트셀러입니다. 아이가 어렸을 때, 매일 밤 같이 읽었던 책속에는 아이에 대한 엄마의 애정 고백이 쉴 새 없이 이어집니다. 사랑 가득한 엄마의 시선으로부터 시작되는 책 너머에는 아이의 어떤 모습도 기꺼이 사랑한다는 고백이 담겨 있습니다. 따뜻한 그 고백 속으로 함께 들어가 볼까요?

사랑해 사랑해 사랑해

버나뎃 로제티 슈스탁 글 |
캐롤라인 제인 처치 그림 | 신형건 옮김 | 보물창고

프롤로그

내가 그럴 줄 몰랐다.
그리고 네가 그럴 줄 정말 몰랐다

　10년 만에 친구를 만났습니다. 친구는 내 흰 머리카락을 보며 놀라움을 금치 못한 감탄사를 연발합니다. 세월의 흐름을 굳이 설명할 필요가 없었지요. 친구의 손에 의해, 무자비하게 뽑혀 나가는 흰 머리카락만큼 얼굴에서 주름살도 없앨 수 있다면 좋을 텐데, 그건 불가능한 일이라 아쉬움이 듭니다. 내가 나이가 든 만큼, 내 아이도 어느덧 사춘기가 되었습니다. 엄마의 말 한마디에 입을 삐죽 내밀며 말대답하는 아이는 엄마의 말 한마디에 미소를 보이던 그때의 그 아이와는 너무나 다릅니다. 분명 같은 아이인데 말이죠.

　하루하루 차곡차곡 '육아', '양육'이라는 도(道)를 닦으며 지긋이 중년이 된 나에겐 인내심이 무한한 자애로운 모습을, 엄마와 재잘재잘 많은 추억을 쌓아온 아이에겐 여전히 엄마를 세상 최고로 여기는 모습을 꿈꿔오곤 했습니다. 더 나아가 청소년 시기부터 〈어른들은 몰라요〉 노래를 입에 달고 살았던 저이기에 다를 줄 알았습니다. "나는 사춘기 아이들의 지랄 발광한 마음을 누구보다 잘 이해해줄 청소년 상담자가 될 거야!"라고 다짐했던 저이니 정말 다를 줄 알았습니다. "아주 많이 매우" 다를 거라 자신만만했었습니다.

  그러나…. 참 쉽지 않네요. 엄마의 말에는 무조건 반대부터 하는 아이와 마음의 거리는 한참 멀어져만 갑니다. 함께 나가자고 해도 어딘지 묻지도 않고, 바로 싫다고 거절하는 아이와 점점 몸의 거리도 멀어져만 갑니다. 여행을 같이 떠났는데 가고 싶은 곳이 달라지고, 하고 싶은 것이 달라집니다. 아이가 어릴 땐 여행의 장소와 계획은 오로지 나의 몫이었기에 체력적으로 힘들었을지 몰라도 마음은 행복했었죠. 아이를 위해 엄마가 선택한 곳에 아이들도 환호하며 함께 와주었거든요.

  하지만 이제는 엄마가 선택한 곳에 아이는 가고 싶어 하지 않습니다. 엄마가 하자는 것을 아이는 하고 싶어 하지 않습니다. 엄마는 혼란스러워집니다. 아이의 의사라고 생각해서 존중해야 할지, 엄마의 말에 무조건 반대만 하는 건 몹시 나쁜 일이라고 혼쭐을 내줘야 할지…. 너무나 고민됩니다. 그렇게 사랑스러운 눈빛으로 나를 바라보던 이 아이가 정말 이럴 줄 몰랐습니다. 내 아이가 이럴 줄은 더더욱 몰랐습니다.

 체력은 하루가 멀다고 바닥을 향해 달려가고, 감정의 기복이 심해집니다. 우리 사회에서 중년을 살아간다는 것은 참으로 쉽지 않습니다. 직장에서는 나이와 경력에 맞는 인정을 받기 위해 성과중심의 삶을 살아야 합니다. 서툴고 힘들어도 울 수 있는 처지가 아닙니다. 퇴근 후 집으로 돌아와도 아이들과 이야기를 나눌 시간도, 아이들의 마음을 헤아려볼 여유도 점점 줄어듭니다. 때로는 서글픈 마음이 듭니다. 아이를 낳고, 아이와 함께하기 위해 내가 하고 싶었던 공부, 일을 잠시 뒤로 미루었던 엄마라면 더더욱 서러운 마음이 들겠죠. 해바라기처럼 나만 바라보았던 아이가 이제는 나에게서 멀리 떠나가고 있거든요. 사랑과 정성을 다해 키웠다고 생각했지만, 아이들이 내 맘 같지 않습니다. 힘든 엄마를 알아주지도, 위로해주지도 않아 속상하고 서운합니다. 그런 아이에게 나도 모르게 소리를 지릅니다. 문득 거울에 비친 내 모습에 깜짝 놀랍니다. 내가 이렇게 될 줄은 정말 몰랐습니다.
 사춘기 자녀를 존중하고 이해하기엔 내가 너무나 역부족임을 알게 된 어느 날. 그렇다고 그 사실을 인정하기엔 더더욱 힘들었던 그날. 아이와 함께 읽었던, 하루에도 수십 번씩 아이에게 귀가

닳도록 읽어줬던 그림책 한 권을 꺼내 들었습니다. 우리의 마음속에 꾹꾹 눌러 담았던 추억만큼, 손자국이 짙게 남은 그림책은 『사랑해 사랑해 사랑해』입니다. 제목처럼 온통 사랑의 고백으로 가득 찼던 이 그림책을 참 많이도 읽었습니다. 그때의 나는 책 속에 나오는 내용처럼 세상에 오로지 하나뿐인 소중하고 사랑스러운 내 아이에게 맹목적인 사랑을 다짐했습니다. 이 책을 읽었거나, 읽고 있는 엄마들 모두 저와 같았을 것입니다. 네가 슬플 때나 말썽을 부릴 때나 심술을 부릴 때도 너를 사랑한다고, 앙앙 울어도 사랑한다고 고백하며 매일 밤 부둥켜안았을 것입니다. 그 고백은 누가 시켜서 한 것도 아니고, 그저 내 마음 깊은 곳에서 진심으로 우러나와 한 치의 의심 없이 평생을 걸고 지키겠다고 한 고백이었습니다.

그런데 지금, 사춘기 자녀를 둔 우리의 마음은 어떠한가요? 사랑한다는 고백보다 "내가 사랑했던 아이가 맞나?", "원수 같다", "지랄 맞다" 같은 고백이 더 나오지 않나요? 하나님께서 사춘기를 내 자녀에게 주신 이유가 "너무나도 예뻐서 떠나보낼 수 없는 자녀를 내 품에서 떠나보낼 수 있게 하려는 것이다"라는 말이 이해가 됩니다.

지금 사춘기 자녀와의 관계는 어떤가요? 말이 안 통하는 아이와 요즘 아이들 표현으로 '손절각'이라는 마음이 절로 떠오를 만큼 진절머리 날 때도 있죠? 관계를 끊고 싶은 마음을 충분히 공감하며, 한 어머니께 이 책을 추천했습니다. 사춘기 아이 때문에 마음고생이 심하다는 그 분은 "에이 선생님, 그때 그 책 어디 있는 지도 몰라요. 그리고 이제 와서 무슨 그림책이에요…"라며 쓴 웃음을 지었습니다. 하지만 그다음 회기 때는 웃음을 머금고 다른 말씀을 하셨습니다. 비록 지랄 맞은 사춘기 아이 때문에 복장이 터지는 건 여전하지만, 사랑스럽던 그때 그 아이를 떠올리며 마음의 위안을 찾았다고 합니다. 추억의 언저리를 찾아 어린 시절 아이의 사랑스러운 사진을 보며 눈시울 적셨다고 합니다. 힘들 때마다 아이 사진을 꺼내 들고 다시 힘을 내보겠다고 다짐도 했노라, 말씀하셨습니다. 사춘기 자녀를 둔 부모가 걷는 인내의 여정을 한 걸음 한 걸음 걷겠다고 말입니다.

몸은 힘들었지만, 마음만은 행복했던 그 시절. 하루하루 자라나는 아이의 성장을 바라보며 미소가 가득했던 그때처럼, 오늘 밤은 『사랑해 사랑해 사랑해』를 다시 읽어보는 건 어떨까요? 책 속의 아가보다 더 귀여웠던 내 아이에게 '사랑해'라고 꼭 안아주며 까르르 웃었던 그 밤이 기억나는지요? 이 책만큼은 매일 함께 읽고 싶었는데, 일상에 치이다 보니 어느 순간 이 책을 놓게 되었네요.

자녀에게 사랑한다고 마지막으로 고백했던 순간은 언제인가요? 네가 반항을 부릴 때나 오기를 부릴 때도 너를 사랑한다고, 좋아서 웃다가 한순간 마음이 변해 꽥꽥 울어도 사랑한다고 고백하시는 건 어떨까요? 모든 것이 귀찮은 사춘기의 아이들도 여전히 엄마의 사랑이 그립습니다. 오늘 밤, 엄마 왜 이러냐고 인상을 쓴다고 하더라도 모르는 척 아이의 침대에 들어가 꼭 안아주는 건 어떨까요? 이제는 얼굴도, 목소리도 귀여움에서 벗어난 "너"이지만 엄마 눈엔 여전히 귀엽다고 입 맞추는 건 어떨까요?

   기억해주세요. 우리 아이들은 여전히 사랑이 필요한 사춘기 아이라는 것을요. 그리고 사춘기 아이의 마음을 잘 알아주는 엄마의 존재가 그 무엇보다 아이에게 필요하다는 걸요. 오늘도 사춘기인 너를 여전히 사랑한다고, 너를 더 잘 이해해보겠노라고 다짐해야겠습니다.

Q.
[이름, 물어봐도 될까요?
당신의 이름으로 불린 마지막은
언제입니까?]

PART 1

사춘기 : 지랄발광 내 새끼

숙제, 심부름, 방 청소를 하기 싫은 주인공은 용돈을 탈탈 털어 자신을 대신할 로봇을 삽니다. 로봇은 자신이 가짜라는 게 들키지 않도록 주인이 어떤 사람인지 자세히 알려줘야 한다고 조릅니다. 주인공은 이름, 가족, 겉모습, 취미, 능력, 다른 사람의 시선 등 자신에 대해 열심히 알려줍니다. 과연 로봇은 주인공을 대신해서 가짜 역할을 잘 해낼 수 있을까요?

이게 정말 나일까?
요시타케 신스케 지음 | 김소연 옮김 | 주니어김영사

제1화

나는 누구일까?
끝없는 질문 속으로

사춘기 아이의 자아정체성

"나무의 모양이나 크기 같은 것은 상관없어.
자기 나무를 마음에 들어 하는지 아닌지가 가장 중요하대."

인간은 평생 발달해 나간다고 이야기 한 심리학자 에릭슨에 따르면 청소년 시기는 자아정체성 형성 대 혼미의 단계라고 합니다. 자아정체성이란 내가 어떤 사람인지에 대한 인식과 함께 현실적인 나에 대한 이해가 다져지는 것입니다. 자아정체감 형성은 청소년기에 시작해서 청소년기에 끝나는 것은 아닙니다. 평생에 계속되는 과정입니다.

그럼에도 불구하고 자아 정체감 형성을 청소년기의 가장 핵심적인 과제로 내세운 것은 청소년기에 자신의 강점, 능력, 취약점 등을 스스로 평가하고 내가 누구인지에 대한 고민을 끊임없이 하게 되기 때문입니다. 청소년이 된 아이는 앞으로 만나게 될 수많은 경험을 통하여 치열하게 자신에 대해 고민을 하게 됩니다. 자아정체성을 잘 형성해나가는 아이는 자신이 무엇을 좋아하고 잘하는지, 어떤 것이 부족한지, 어떤 걸 하면 행복하게 살 수 있을지를 비교적 명확하게 알고 자신의 인생 여정을 준비합니다.

그림책 『이게 정말 나일까?』를 살펴보면 숙제, 심부름, 청소가 하기 싫었던 한 소년이 '가짜 나'를 만들어서 나에게 주어진 일을 시켜야겠다는 앙큼한 생각을 합니다. 기발하고도 발칙한 생각을 한 소년이 귀엽기 그지없습니다(그림책 속 인물이니 귀여운 걸까요?). 자, 이제 '가짜 나'인 도우미 로봇이 전적으로 '나'인 척 하기 위해서는 나에 대해 완벽히 알아야겠죠? 그래서 지후는 '나는 ○○○이야'라는 이야기를 통해 열심히 '나'라는 아이에 관해 설명하기 시작합니다. 나의 이름, 가족, 겉으로 드러난 생김새, 좋아하는 것과 싫어하는 것, 할 수 있는 일과 할 수 없는 일, 나의 과거의 역사…. 할 수 있는 이야기들이, 해야 할 이야기들이 너무나 많아지네요.

자기에 대한 빈칸을 채워나가는 사춘기 아이

하지만 완성된 나는 아직 존재하지 않습니다.

한 해 한 해 커가는 나, 시시각각 감정이 너무나도 변하는 나, 이토록 끊임없이 바뀌는 '나'를 모두 '나'라고 인정하는 과정이 기특하게 여겨집니다. 청소년기 아이들은 수도 없이 자신에게 묻습니다. 그리고 생각합니다. '나는 누구일까?', '내 인생의 목표는 무엇일까?', '내가 되고 싶은 사람은 어떤 사람일까?' 이러한 질문을 통해 사춘기 아이들은 이 책의 소년과 같이 자기에 대한 빈칸을 채워갑니다.

그런데 우리나라의 사춘기 아이들은 성적에 연연하는 부모님과 선생님, 사회 분위기로 인해 '나는 누구일까?'라고 질문하는 것을 사치이자 시간 낭비라고 생각합니다. 어쩌면 엄마인 나도 내 아이가 지금 이 시기에 이루어나가야 할 중요한 당면 과제보다 학교 성적이나 눈에 보이는 성과에 더 집중하고 있는지도 모릅니다.

엄마가 마음의 여유를 갖고 아이를 기다려주는 것, 참 그게 어렵지요? 엄마 눈에는 아이가 빨리빨리, 부지런히 해야 할 공부가 쌓여 있는데, 방안에 틀어박혀서 노래만 듣고 있는 아이를 보자면 아무것도 하지 않고 허송세월만 보내고 있는 거 같습니다. 아이 마음에서 무슨 일이 일어나고 있는지에 관심을 두기보다, 이제 중학생인데 숙제는 했으려나 학원 진도는 잘 따라가고 있으려나 이게 제일 걱정입니다. 그래서 나도 모르게 한마디씩 하게 됩니다. "너 숙제는 하고 음악 듣니?" "내일 학원에 가는 날인 거 알지?" 엄마는 이 모든 것이 아이를 사랑하는 마음에서 비롯됐다고 생각합니다. 안타깝게도 아이가 '나를 찾기 위한' 자신만의 온전한 시간을 갖는 것을 기다려주지 못한 채로요.

　대학생들을 상담하다 보면 청소년기에 해야 할 질문을 대학생이 된 이후에 하는 경우가 많습니다. 청소년 시기에는 가장 중요한 심리적 발달과제를 뒤로 한 채, 학업 성적에만 온 신경을 곤두세웠습니다. 다행히도(?) 성적에 맞춰 좋은 대학에 입학했습니다. 그러나 자신이 생각했던 삶이 아니고, 전공 또한 자신의 관심사, 흥미와 다르다 보니 학과 공부에 적응하지 못합니다. 방황 아닌 방황을, 사춘기 때도 못 했던 반항을 하기 시작합니다. 이렇게 많은 대학생이 뒤늦게 사춘기를 앓게 되는데, 이때 부모는 더욱 이해하지 못하고 관계가 틀어지게 됩니다.
　대학생 때 뒤늦은 사춘기를 앓는 게 나을까요? 아니면 청소년기인 지금, 마땅한 사춘기를 경험하고 앓고 지나가는 게 나을까요?

자녀의 어떤 모습이라도 반겨주고 사랑해주세요

사춘기인 지금, 아이들이 자신에 대해 궁금해하기 시작한다면 손뼉을 치며 반겨주세요. 아이가 스스로 '나'를 알아가는 이 과정을 엄마가 기꺼이 기다려주세요. 자아 정체감 형성은 청소년기에 가장 위대한 과제이자, 진정한 어른이 되기 위한 발판이 됩니다. 이 과정에서 자연스럽게 스스로 혼돈과 자기 회의를 경험하기도 하고, 부모와 갈등을 겪기도 하며, 선생님에게 반항하기도 합니다.

아동기와 성인기 사이에 있는 청소년기, 사회적으로 기꺼이 허용된 심리적 유예 상태(Psychosocial moratorium)를 경험하는 나의 자녀에게 최소한 이 기간만이라도 어떤 일에 대한 책임을 과도하게 지지 않도록 허용해 주세요. 다양한 역할들을 실험해보도록 허용해주고, 때로는 실수하더라도 너그럽게 안아주는 것이 엄마의 역할 아닐까 싶습니다.

이 책의 마지막 장면에는 자신에 대해 로봇에게 전부 설명했다고 생각했던 소년이, '나'의 행세를 전적으로 잘 이행할 수 있겠다고 생각했던 로봇이, 엄마를 만나자마자 들키게 되는 장면이 나옵니다. 엄마는 어떻게 로봇이 '가짜 나'라는 걸 단번에 알게 됐을까요? 궁금증을 자아내는 마지막 장면에서 우리는 많은 생각을 하게 됩니다. 아마 엄마는 우리 아이에게 관심이 많기에, 누구보다 아이의 변화를 알아차릴 수 있는 사람이기 때문에 단번에 눈치챈 것이 아닐까요?

물론 상담 장면에서 만나는 많은 부모는 '내 아이가 그럴 리가요?' 라고 되묻는 경우가 많습니다. 내가 몰랐던 모습을 선생님이 더 많이 안다며 놀랄 때도 많습니다. 나에게는 보여주지 않는 모습에 서운하기도 하겠지만, 어쩌면 우리가 다 컸다고 생각되는 아이의 모습에서 우리의 눈을 돌렸는지도 모릅니다.

이 책 속에 나온 엄마처럼 내 아이에 대해 잘 아는 엄마가 되고 싶습니다. 아이의 감정, 생각, 변화들을 잘 반영해주고 아이의 이야기에 귀를 기울이는 엄마… 아이의 어떤 모양이나 크기도 기꺼이 반겨주고 사랑해주는 엄마… 그리하여 아이가 건강한 자아 정체감을 형성할 수 있도록 돕는 엄마가 되었으면 좋겠습니다.

> 일반적으로 주어지는 인생의 의미라는 것은 없다.
> 인생의 의미는 스스로 자신에게 부여하는 것이다.
>
> _알프레드 아들러(Alfred Adler)

지랄발광 사춘기 ∞∞∞ 흔들리는 사십춘기

Q.

[요즘 어때요?
잘 지내고 있는 거죠?
아이 말고 당신이요.]

우리는 처음엔 모두 평범한 동그라미였습니다. 그랬던 우리가 파랗고 빨갛고 검고 투명하기도 한 삶의 다양한 경험들 속에서 각기 다른 모양과 색을 가진 복잡한 동그라미로 성장해갑니다. 우린 모두 비슷하지만, 또 다릅니다. 나는 누구일까요?

파랗고 빨갛고 투명한 나

황성혜 지음 | 달그림

제2화

파랗고 빨갛고 투명한 나는 누구일까?

자신만의 특별한 모양과 색을 만들어가는 사춘기

"파랗고 빨갛고 까맣고 투명하고 복잡한 나.
나는 이런 내가 좋아요."

사춘기 아이는 수많은 질문 끝에 고유한 '나'라는 사람이 되어갑니다. 그 과정이 담긴 『파랗고 빨갛고 투명한 나』에서는 비슷한 형태의 작은 동그라미들이 다양한 모양과 색의 경험이 덧입혀지며 각자가 특별한 모양과 색을 가진 하나뿐인 동그라미가 되어가는 여정이 담겨 있습니다. 청소년이 된 내 아이에게는 충분히 스스로에 대해서 고민해보면서 자신의 특별한 모양과 색을 찾아갈 시간이 필요합니다. 여러 가지 관점에서 자신과 세상을 바라보며 자신을 격려할 수 있는 시간이 필요합니다.

그동안 당연하게 받았던 엄마의 도움을 거절하는 과정에서, 사춘기에 접어든 아이는 실수와 좌절을 많이 경험합니다. 아이는 스스로 이겨내 보고 견디어 내는 과정을 통해 성인이 될 준비를 합니다. 귀찮아서 숙제를 하지 않았을 때, 그 결과에 따라 혼나거나 벌로 내려진 청소를 하며 자기 행동에 책임 지는 것을 배워나갑니다. 공부하기 싫어서 하지 않았을 때, 성적이 떨어지는 경험들을 통해 행동의 결과를 받아들이는 연습을 해봅니다. 자기에게 맞는 친구를 사귀어 보고 단짝이 주는 달콤함에 젖었다가, 금세 헤어지고 토라지는 관계의 힘듦을 경험하면서 관계의 기술을 배워나갑니다.

물론 아이가 스스로 견딜 수 없는 좌절을 겪고 있다고 생각되면 반드시 개입하여 자녀를 도와주어야 함은 분명합니다. 하지만 사춘기 이 시기의 아이가 겪어내는 대부분의 경험은 스스로 이겨 내 봐야 하는 견뎌 볼 만한 좌절인 경우가 많습니다. 이 견뎌볼 만한 최적의 좌절 경험들을 통해 아이들은 세상을 배워가고 나에 대해 배워갑니다.

다양한 감정과 상처를 통해 성장하는 사춘기 아이

푸르른 꿈도, 새빨간 열정도, 투명한 상상도 아이를 자라게 하지만 아이가 마주하는 갈등이 아이에게 특별하고 근사한 하나뿐인 무늬를 남겨줍니다.

우리네 삶은 기쁨, 행복만이 아닌 슬픔, 절망의 다양한 감정을 경험하는 일들이 비일비재하게 많습니다. 엄마인 내가 방패가 되어 힘들어 보이는 모든 일을 막아주고 싶습니다. 우리 아이에게만큼은 온화하고, 너그러운 세상이길 바라지만 예상치 못한 일들은 늘 우리에게 일어나기 마련입니다. 희로애락이 점쳐진다는 인생 속에서 비슷한 상처와 아픔을 겪더라도 각자 이겨내는 과정을 통해서 나만의 특별함이 생겨갑니다. 날카로운 아픔과 어둠을 뚫고 나온 자만이 얻을 수 있는 흔적이 아이를 성장하게 합니다. 까만 상처가 생길지라도 스스로 아픔을 이겨낸 아이만이 "나는 이런 내가 좋아요"라고 말할 수 있습니다.

내가 누구인지 무엇을 하고 살아가야 하는지를 치열하게 고민하다가 상담 선생님에게 도움을 요청한 혜미가 있습니다. 왜 공부를 해야 하는지 모르겠습니다. 엄마는 안정적인 공무원이 되라고 하는데 공무원이 되면 내가 행복해질지 잘 모르겠습니다. 만화 그리는 걸 좋아하는 혜미는 만화 이야기를 나누고 싶지만 반 친구들이 시시콜콜하게 떠드는 연예인 얘기가 재미없어도 꾹 참고 맞장구 쳐줘야만 합니다. 그렇게 해야만 친구관계가 유지된다고 생각했던 것이죠. 점점 일상이 무미건조하고 재미가 없습니다. 무엇을 위해서 열심히 살아야 할지, 무엇을 해야 내가 즐거울지, 나는 어떤 사람인지 하나도 모르겠다고 이야기합니다. 엄마에게 말해보았지만 쓸데없는 고민하지 말고 공부부터 하라고 합니다. 일단은 공부를 열심히 해서 성적이 좋아야지 선택지가 넓어지고 좋다고…. 머리로는 엄마 말이 다 맞아 수긍하지만, 가슴으로는 화가 나고 엄마랑 대화하기도 싫어집니다. 친구들에게 이런 얘기를 하면 진지충이라고 놀릴 거 같아 답답한 마음에 상담실에 찾아왔습니다.

자기에 대해 처절하게 고민하는 혜미에게 정말 잘하고 있다고 얘기해주었습니다. 너는 지금 공부하는 것보다 더 중요한 일을 하고 있다고. 지금 많이 혼란스럽고 마음이 오락가락하는 느낌이 당연하다고. 그렇게 너를 찾아가게 되는 거라고 격려하며 혜미의 이야기를 들어주었습니다. 그리고 혜미는 상담을 통해 나라는 아이는 그림을 그리는 걸 좋아하는 아이, 매일 반복되는 일상 속에서 특별하고 재미있는 일들이 생기길 기대하는 아이, 새로운 이야기를 꾸며내고 들려주는 것을 좋아하는 아이라는 것을 알게 되었습니다. 온종일 공부하는 것보다는 1시간이라도 집중하여 공부할 때 효율이 난다는 것도, 가끔은 진지한 이야기를 하지만 상당히 유머러스한 아이라는 것을 혜미의 이야기 속에서 찾아낼 수 있었습니다. 꿈을 갖고 도전하는 것을 즐기는 혜미는 엄마와 함께 목표로 정한 중간고사 점수를 달성하고, 약속대로 미술 학원에 다니게 되었습니다. 그리고 도전 웹툰 만화를 그리게 되었습니다. 공부하면서 틈틈이 그리기 때문에 생각보다 진도가 잘 나가진 않습니다. 하지만 몇 주에 한 편이라도 자기의 만화가 세상에 공개되는 그 순간이 혜미에게는 가장 행복하고 즐거운 시간입니다.

혜미가 커서 어떤 사람이 되고 무엇을 하며 살아갈지는 아직 아무도 모릅니다. 하지만 분명한 건 혜미가 자기가 어떤 사람인지, 무엇을 할 때 좋아하는지, 어떤 걸 힘들어하는지를 알아가고 있다는 겁니다. 혜미는 그 어떤 것보다 중요한 나에 대해 배워가고 있습니다. 혜미가 해나갈 수많은 선택 중에는 성공적이고 잘된 선택도 있겠지만 아프고 힘든 선택도 있을 것입니다. 하지만 자기에 대해서 철저히 고민하고 알아가며 진정한 자아정체성을 형성한 아이들만이 그 어떤 선택 속에서도 누군가를 원망하지 않고 자신의 삶을 책임감 있게 영위해나갈 수 있습니다. 다른 사람의 기준이 아닌, 자신이 기준이 되어 자기만의 삶을 살아가게 되니까요.

아이를 믿어주고 응원해주는 엄마가 되어주세요

　가장 중요한 건, '어떤 모습이든 내가 좋다' 라고 여길 수 있는 마음이 아닐까요?

　건강한 나만의 자아정체성을 형성한 아이는 인생을 살아나갈 때 잘 풀리지 않아 어렵고 힘든 일 속에서도 나의 고유함을 잃지 않을 수 있습니다. 이건 누군가 심어줄 수 없습니다. 사춘기, 청소년의 시기를 거치면서 아이가 스스로 해나가야 하는 과정입니다. 엄마는 옆에서 지켜보고 믿어주며 아이가 자신의 팬이 되는 이 아름다운 과정을 응원해주세요. 엄마도 아이의 진정한 팬이 되어주면서요.

　　인생이란
　　인생 쪽에서 던져 오는 다양한 물음에
　　내가 하나하나 답해가는 것이다.

　　　　　　　　　　　　　　_빅터 프랭클(Viktor Frankl)

지랄발광 사춘기　∞∞∞　흔들리는 사십춘기

Q.

[
오늘도 꽤 힘들었죠,

이건 언제 끝나나 싶었던 날은 언제였나요?
]

뾰로통한 표정이지만 조금은 의기양양한 표정의 아이는 엄마, 아빠, 그리고 언니는 자기가 하고 싶은 걸 다 하면서 내가 하고 싶은 건 마음껏 못하게 하는 가족에게 화가 납니다. 이제 내 마음대로 살겠다 선언하며 땅을 파고 들어가는 주인공은 어떻게 될까요? 주인공과 함께 등장하는 빨간 실을 조심스럽게 따라가 볼까요?

백만 년 동안 절대 말 안 해

허은미 글 | 김진화 그림 | 웅진닷컴

제3화

나만의 왕국에서
내 맘대로 하고 싶어

말대답을 하기 시작하는 사춘기 아이

"엄마는 너무해! 내가 사달라는 건
하나도 안 사주고 엄마 사고 싶은 것만 다 사고….
아빠도 너무해! 아빠는 늦게까지 티브이 보면서
나 보고만 일찍 자라고 하고….
언니도 너무해! 이 세상에서
자기만 예쁘고 똑똑하고 날씬한 줄만 알고…."

여기 엄마, 아빠, 언니를 비롯해 모든 가족에게 굉장한 불만을 가진 주인공이 등장하네요. 뭐가 그렇게 속상하고 억울한지 내 맘도 몰라주는 가족 같은 건 필요 없다고 마음속으로 외칩니다. 이제 먹고 싶은 것도 실컷 먹고, 늦게까지 마음껏 잘 거라며 삽과 굴착기로 파고 들어갑니다. 그렇게 땅속 깊은 곳, 자신만의 동굴로 들어가기 시작합니다.

사춘기가 시작되면, 엄마 말을 잘 듣던 아이가 말대꾸를 하기 시작합니다. 말대답은 마치 커다란 대포를 쏘아 올리기 위한, 사춘기의 신호탄과 같습니다. 그림책 속의 아이처럼 엄마, 아빠는 되는데 왜 나는 안되는지 따져 묻습니다. 이전에는 그냥 모르고 그러려니 넘겼던 일들이 이젠 그냥 넘겨지지 않는 모양입니다. 화가 나고 억울한 마음이 듭니다. 엄마의 말이라면 팥으로 메주를 쑨다 해도 믿었던 내 아이가, 자다가도 떡이 나온다고 믿었던 내 아이가, 엄마는 척척박사라고 치켜세우던 내 아이가 엄마의 말에 반격하기 시작합니다. 엄마에게 온갖 잣대와 기준을 들이밀면서 오목조목 따져댑니다.

그림책 속 아이처럼 사춘기 아이는 화가 나면 입을 꾹 닫고, "엄마, 아빠랑 절대 말 안 해!"라고 이야기하며 방문을 걸어 잠그기 시작합니다. 그리고 드디어 반항이 시작됩니다. 이제는 똑똑히 보입니다.

엄마에게는 정말 견디기 힘든 시간이 찾아왔습니다. 생각 없이 한 말도 지나치지 못하고, 멈춰 서서 하나부터 열까지 다 따져대는 아이 앞에서 어안이 벙벙합니다. '엄마는 되는데 나는 왜 안

돼?' 라고 쏘아붙이며 팽하니 돌아서는 아이의 등을 보면 발차기를 한번 날리고 싶기도 합니다. 더 어이없는 건 아이가 자기 자신한테는 한없이 관대하다는 겁니다. 엄마가 옆집 아줌마 흉을 볼 때는 엄마가 잘못한 건 생각도 안 하냐며 온갖 도덕적인 기준을 가지고 반박하면서, 자기는 조금만 속상해도 친구 뒷담을 맘껏 하고 공감을 해주지 않는다며 속상해합니다. 쓰레기가 많아져서 환경오염이 심해지는 건 마음 아파하면서, 길가에 쓰레기를 그냥 버리기도 합니다. 이 아인 도대체 뭘까요?

뭔가 똑똑해진 거 같은데 완전 헛똑똑이입니다. 그럴듯하게 말은 하는데 가만히 들여다보면 완전 모순덩어리입니다. 조금만 마음에 들지 않아도 부모를 공격하며 논쟁하고, 자기 자신에게는 한없이 너그러운 이 아이가 이기적으로 자라나진 않을지 걱정이 됩니다.

오만방자한 이상주의 철학자 사춘기 아이

도대체 우리 아이 안에서는 무슨 일이 일어나고 있기에 이렇게 오만방자한 이상주의 철학자가 되어버렸을까요? 아이가 심리적으로 발달해나가면서 청소년기에는 추상적인 사고가 발달합니다. 추상적 사고가 발달한다는 것은 그동안 쌓아왔던 경험을 바탕으로 직접 경험하지 않아도 어떤 것에 대해 생각하고 사고하는 것이 가능해진다는 것입니다. 자연스럽게 아이는 개념적이고 추상적인 일들에 조금씩 관심을 기울이게 됩니다. 어린 시절 선생님 말씀을 곧잘 듣는 아이는 '쓰레기 버리면 안 돼' 라는 말에 단순히 절대 그러면 안 되는 일이라고 생각하고 마치 법규를 지키듯 실천합니다.

하지만 추상적 사고가 가능해진 아이들은 이제 '지구오염'이라는 거창한 주제에 관해서 깊이 있게 생각하게 됩니다. 내 주변이 쓰레기로 지저분해지는 것에서 벗어나 내가 사용하는 일회용 빨대가 지구 어느 저편에 있는 바다사자에게 독이 될 수 있다는 것을 생각하게 됩니다. 또한, 자기만의 정치적인 색을 가지기 시작합니다. 이처럼, 추상적인 사고가 가능해짐으로 구체적인 현실(실제)과 가능성(이상)을 구분해서 파악할 수 있는 능력을 갖추게 되는데, 이것을 심리학 용어로 청소년의 이상주의(idealistic)라고 부릅니다. 이로 인해 아이들은 실제가 이상보다 못하다는 것을 발견하게 됩니다. 그래서 내가 생각했던 이상과 다른 현실의 엄마, 아빠가 못마땅하고 어른들에 대해 비판적인 시각을 갖게 되는 것이죠.

이렇듯, 자신만의 심리적 세상을 넓혀가던 아이들은 이제 부모의 논리적 허점을 발견할 수 있을 만큼 성장합니다. 부모의 모순적인 부분을 발견하면 바로 공격합니다. 자기 나름의 괜찮은 부모상을 만들어놓고 거기에 부합되지 않는 부모의 모습이 보이면 가감 없이 공격하고 논쟁하기도 합니다. 하지만 이 논쟁의 끝은 처참합니다. 자기의 이상적인 생각을 말하면서 다른 사람의 의견은 받아들이기가 힘들기 때문입니다. 자기는 엄마의 말을 하나도 수용하지 못하면서 엄마가 조금이라도 자기 말을 안 들어주면 엄마 자격도 없다느니, 엄마가 아니라느니 맹공격을 합니다. 자기는 먹고 난 쓰레기를 아무 데나 버릴지라도 다른 사람이 버리는 걸 보면 참지 못하고 화를 냅니다. 이 아이⋯. 참 모순적이지 않나요?

동생이 노크도 없이 마음대로 자기 방에 들어온다고 짜증을 내고, 자신의 책을 읽는다고 있는 대로 화를 냅니다. 엄마에게 제아무리 이야기해도 동생을 혼내지 않고, 나만 혼낸다고 또다시 화를 냅니다. 그런 아이가 부모 방에 들어와서는 부모의 책상에 쓰레기를 두고, 부모의 컴퓨터를 맘대로 사용합니다. 자기 맘대로 부모의 물건을 사용한 것에 대해서는 전혀 양심의 가책을 느끼지도 않고, 당연하다는 듯이 사용했던 아이는 동생에게 화를 냈던 그 아이가 맞나 싶습니다. 너는 되고, 남은 왜 안되는지 한참을 따져 묻고 싶습니다. 이 아이⋯. 참 위선적이지 않나요?

엄마에게 따지고 공격해대는 사춘기 아이

  엄마는 이 모순적이고 위선적인 아이를 버텨내기가 참 쉽지 않습니다. 조금이라도 논리의 틈을 보이면 따지고 공격해오는 이 아이가 참 버겁습니다. 아이가 어렸을 때는 일찍 재우고 티브이를 보거나 핸드폰을 하며 나만의 시간을 조금이라도 가질 수 있었습니다. 그런데 아이가 좀 크니 핸드폰만 들여다보는 게, 일찍 잠자리에 들지 않는 게 걱정이 되어서 자라고 하면 귓전으로도 듣지 않습니다. 엄마도 늦게 자고 핸드폰 할 거면서 왜 자기한테만 그러냐고 반박합니다. 그뿐인가요? 핸드폰만 하는 자녀가 염려되어 핸드폰 사용시간을 정해놓고 써보자고 했더니, 엄마 아빠부터 시간을 정하고 쓰라며 반박합니다. 엄마보고 친구들과 절대 비교하지 말라고 했던 아이가, 이젠 친구들 엄마와 나를 열심히도 비교합니다.

  물론, 사춘기 질풍노도의 시기를 표현하는 모습은 아이들의 기질이나 성별, 상황에 따라 다릅니다. 하지만 보통 사춘기 아이들의 모습을 살펴보면 여자아이는 사소한 일에도 틱틱거리고, 사사건건 말대꾸를 통해 자신이 사춘기임을 보여줍니다. 남자아이들은 엄마보다 덩치가 더 커져서 무서운 눈빛으로 입을 꾹 다문 채 엄마를 쳐다봅니다. 마치 길고 긴 커튼으로 자신의 모든 걸 숨기고 싶은지 앞머리를 다 내려서 눈을 가리기도 하지요. 또한 남자아이는 게임중독에 빠지거나 일탈 행동, 욕설을 내뱉거나 주먹다짐을 하는 공격적인 모습을 통해 자신이 사춘기임을 보여줍니다. 사춘기의 뇌 발달을 살펴보면, 정서조절이나 계획을 맡은 전두엽보다 감정을 주관하는 편도체가 더 빨리 성장합니다. 사소한 자극을 인지적으로 생각해서 처리하지 못한 채, 감정적으로 민감하게 받아들이는 이유가 여기에 있습니다.

상담실에 찾아온 비니는 중학교 2학년 여자아이입니다. 엄마와 갈등이 고조된 비니는 말이 통하지 않는다며 답답해합니다. 작은 것에도 불평으로 가득 찬 사춘기 비니에게 엄마는 감사하라는 말을 자주 한다고 합니다. 공부하기 싫어서 힘들다고 말하면, 공부가 하고 싶어도 하지 못하는 아프리카 친구의 노동에 대해 한참 설명하며 감사하라고 합니다. 물론 이것이 끝은 아닙니다. 배가 불러서 밥을 남기면, 북한에 굶주린 아이들을 생각하며 감사하라고 합니다. 네. 맞는 말이죠. 그래서 작년까지는 엄마가 그럴 때마다 반성하면서 감사할 걸 찾으려고 노력했습니다. 엄마 입장에서 비니는 엄마 말을 잘 듣는 착한 딸이었습니다. 그런데 어느 날부터 불만이 생기기 시작했습니다. '왜 자꾸 저런 말을 하지?', '그럼 엄마는 감사하나?' 무슨 말을 할 때마다 감사하라는 엄마가 너무 야속해서 관찰해봤더니…. 세상에 깜짝 놀랐습니다. 엄마는 더 불평쟁이였습니다. 아빠한테도, 자기한테도, 동생한테도 맨날 투덜투덜 불평했습니다. 옷을 제대로 안 벗어 놓는다고 불평, 청소를 잘 안 한다고 불평, 치약 쓰고 뚜껑 제대로 안 닫아놓는다고 불평…. 아이고야~ 그날부터 엄마에게 대들기 시작했습니다. "엄마도 그러면서 되게 웃긴다. 엄마나 감사하고 살아!"

엄마로서는 얼마나 당황스러울까요? 그동안 엄마의 말이라면 무조건 따르던 아이가 이제는 사실에 근거해서 공격하기 시작합니다. 마치 엄마는 아이 앞에서 온몸이 벌거벗겨진 채로 감시를 당하는 것 같아 수치심이 느껴지기도 합니다. 내 배에서 나온 내 자식이 나의 치부를 이렇게까지 있는 그대로 드러내다니. 배신감에 온몸이 떨리고, 맞는 말일지라도 인정하고 싶지 않아 더 방어합니다. "내가 언제 그랬냐!" 이때부터 서로 간의 물고 뜯는 싸움이 시작됩니다. 한 명이 멈추지 않으면 끝이 없는 싸움이 계속됩니다. 이 싸움은 지극히 감정적이라 무의미할 뿐 아니라 최악의 경우 엄마와 아이 사이를 감당할 수 없을 만큼 멀어지게 만듭니다. 그런데 우리 사춘기 아이는 멈출 수가 없습니다.

엄마, 사춘기 아이의 반항을 버텨주세요

맥이 빠지겠지만… 아이 욕을 실컷 하고 싶은 마음이 올라오겠지만… 이렇게 논쟁을 하는 것이 아이가 심리적으로 잘 자라고 있다는 증거랍니다. 만약 아이가 꾹꾹 눌러 참는다면, 겉으로는 엄마 말을 잘 따르는 것으로 보이나 그림책 속의 주인공처럼 자기만의 땅굴을 끝도 없이 계속 파 잠식될 수도 있습니다. 이 논쟁을 멈춰야 할 사람은 억울하지만, 아이보다 좀 더 자란 엄마일지도 모릅니다.

아이가 나를 공격하면서 얻는 이득이 있을까요?

네. 있습니다. 아이는 무의식적으로 엄마에게 "엄마 나 이런 것도 할 수 있을 정도로 컸어요. 나 예전보다 아주 똑똑해졌어요."라는 인정을 받고 싶은 겁니다. 자기에게 없었던 새로운 능력이 생긴 걸 엄마한테 뽐내고 엄마가 알아주길 바라는 것입니다. 단언컨대 엄마를 일부러 고통스럽고 힘들게 하려고 이런 못된 행동을 하는 건 아닙니다. 동그라미만 그리던 어린 아이가 네모를 그리게 되었을 때 칭찬하고 격려하는 건 정말 쉬운 일입니다. 하지만 나의 모순을 잡아내는 이 아이에게 "너 정말 이제 세상과 엄마를 다양한 관점으로 볼 수 있는 눈이 생겼구나. 멋있다 우리 딸"이라고 말한다는 건 참 어려운 일입니다. 그래서 사춘기 자녀를 양육하는 건 정말 어렵습니다.

어렵지만 엄마는 일단 버텨줘야 합니다.

밤새 울어 재끼던 아이가 백일이 지나 통잠을 자는 모습을 보고 이제는 살 것 같다고 생각했던 때를 떠올려 보십시오. 지금은 까마득하게 잊어버려 밤새 잠을 못 자 눈이 퀭했던 그때가 기억조차 잘 나지 않습니다. 이처럼 언제 그랬나 싶을 정도로 이 또한 지나갑니다. 엄마가 감정 조절이 되지 않을 땐 일단 아무런 반응을 하지 말고 멈춰야 합니다.

책에서 땅굴을 파던 아이는 어떻게 가족의 품으로 돌아왔을까요? 가족과 연결된 실이 있었기 때문입니다. 그림책을 가만히 살펴보면 빨간색 실은 처음부터 이어져 있습니다. 이 연결 끈을 아이는 놓지 않고 방문에 묶은 채 땅을 파기 시작합니다. 아마도 아이는 그렇게 싫고 미운 가족이라도 '완전히' 끊어내고 싶은 마음은 없다고, 그래도 가족들이 나를 찾아와 줬으면 하는 마음이 묘사된 게 아닐까 싶습니다. 가족에게 실망하며 자기만의 세상으로 들어가려 했던 아이는 그래도 사랑하고 고마웠던 가족과의 경험을 떠올리며 다시 가족에게로 돌아옵니다. 그리고 "앞으로 한 번만 더 그러면 백 만 년 동안 절대 말 안 할 거다!"라고 말하며 자기주장을 하기 시작합니다. 빨간색 실은 가족을 더더욱 강하게 연결해주는 모습으로 우리에게 따뜻함을 안겨줍니다.

이 과정을 통해서 주인공 아이와 아이의 가족은 서로에 대한 이해와 깊은 사랑으로 더욱 끈끈해지지 않을까요? 이제는 어리다고 엄마 마음대로 대하지 않고 아이를 좀 더 배려할 수 있게 되지 않을까요?

사춘기 때 엄마에게 보이는 말대꾸, 논쟁, 공격은 우리 아이의 뇌가 뚝딱뚝딱 공사 중임을, 어른으로 자라 가고 있다는 증거임을 잊지 마십시오. 지극히 정상적인 발달이라고 생각하며 아이의 변한 모습을 잠잠히 살펴보기 바랍니다. 나 역시 엄마에게 엄청나게 반항하고 대들던 시절이 있었다는 걸 떠올려 보시면서요.

분명 아이는 엄마에게 대들면서도 엄마의 사랑을 알고 느끼고 있습니다. 엄마니까 해보는 거예요. 다른 사람도 아니고 엄마니까 엄마의 모순을 들이밀고 연습해보는 겁니다. 점차 엄마뿐 아니라 자기에게도, 이 세상에도 모순이 가득하다는 걸 경험으로 배우고 부딪혀 갈 것입니다. 그렇게 이상적이기만 한 것이 아닌, 지극히 현실적이고 이만하면 괜찮은 세상에서… 아이는 힘 있게 성장해 나갈 것을 믿어주세요.

PS 단순한 사춘기 특성이 아닌 학교나 가정 내에서 아이의 말대꾸와 논쟁이 폭력적으로 나타나거나, 적대적 반항이 심할 때는 꼭 전문가의 도움을 받으세요.

개학 첫날, 친구들에게 예쁘게 보이고 싶었던 카밀라는 온몸에 줄무늬가 생기는 줄무늬병에 걸렸습니다. 병세는 더욱 심각해져 카밀라의 몸은 친구들이 말하는 대로 물방울 모양, 바둑판 모양으로 변하기까지 했지요. 의사, 심리학자, 알레르기 치료사, 약초 학자, 영양학자, 무당, 주술사, 과학자 등 그 어떤 전문가도 카밀라의 병을 고칠 수 없었답니다. 카밀라는 그 누구도 고칠 수 없는 병에 왜 걸렸을까요? 카밀라는 과연 본연의 모습으로 돌아올 수 있을까요?

줄무늬가 생겼어요
데이빗 섀논 지음 | 조세현 옮김 | 비룡소

제4화

다른 사람은 나를
어떻게 보고 있을까?

다른 사람을 신경 쓰기 시작하는 사춘기 아이

"카밀라는 다른 사람들이

자기를 어떻게 생각하는지 언제나 신경을 썼어."

『줄무늬가 생겼어요』에서는 아욱 콩을 좋아하는 주인공 카밀라가 등장합니다. 하지만 카밀라는 아욱 콩을 싫어하는 척하며 절대 먹지 않았습니다. 왜냐하면, 카밀라의 친구들은 아욱 콩을 싫어해서 자신을 이상하게 생각할까 걱정했기 때문입니다.

다른 사람들이 자기를 어떻게 생각하는지에 대해 온통 신경이 곤두서있던 카밀라는 개학 전날, 친구들에게 잘 보이기 위해 옷을 무려 마흔두 번이나 갈아입었답니다. 한참 동안 거울만 들여다보던 카밀라가 드디어 마음에 드는 옷을 발견한 걸까요? 예쁘장한 빨간 옷을 입고 거울을 본 카밀라는 깜짝 놀랍니다. 어머나! 이를 어쩌면 좋죠? 세상에! 그만 줄무늬병에 걸려버렸습니다. 온몸이 빨강, 노랑, 초록 줄무늬 살결로 변해버려 학교도 가지 못했습니다. 이 병이 얼마나 끔찍했는지, 사람들이 말하는 대로 피부의 무늬가 점차 바뀌는 병으로 변해갔습니다. 본연 자체의 카밀라 모습은 어디에서도 찾아볼 수가 없게 되어버렸답니다. 어쩌다 카밀라에게 이런 일이 일어났을까요?

초등학교 고학년이 되면 남자아이들은 더는 엄마를 안아주지 않기 시작합니다. 내심 서운한 마음에 안아달라고 하면, 머쓱해서 말을 돌리거나 피해버리죠. 그리고는 소곤거립니다. "엄마, 누가 보면 어떻게 해?"
한때, 공주 놀이에 심취했던 여자아이들은 핑크와 치마를 멀리하기 시작합니다. 친구들이 유치하다고 놀릴 것 같아 걱정하기 때문이죠. 이처럼 사춘기가 되면 아이들은 자기 생각보다 친구들이 자신을 어떻게 생각할지 염려합니다.

초등학교 5학년인 딸아이가 길을 걷다 4학년 아는 동생과 인사를 합니다. 웃으며 인사를 하던 아이는 순간, 멈칫! 표정이 굳어집니다. 아는 동생 옆에 있던 학교 후배들이 "누구야?"라고 물었던 질문 하나에 오만가지 생각이 들었기 때문입니다. 또래보다 키가 작지만 "모든 사람이 다 클 필요는 없잖아!"라고 말하며, 성장 주사를 마다한 아이였습니다. 그랬던 아이가 이제는 다른 사람들이 자신을 어떻게 생각할지 무척 신경이 쓰이나 봅니다. 아이의 말인즉슨, 학교 후배들이 자신을 키가 작다는 이유로 이상하다는 듯이 쳐다봤다고 합니다.

"어떻게 이상하게 봤니?"라고 물으니 아이는 실제로 일어난 일이 아닌 자신의 머릿속에 떠올랐던 생각을 이야기했습니다. 여기서 우리는 아이의 인지적 왜곡을 발견할 수 있습니다.

'5학년 언니 맞아?…'
'5학년인데 어떻게 저렇게 키가 작을 수 있어?'

키가 작은 아이는 "누구야?"라는 질문 하나에 실제 사건 그 자체를 벗어나 인지적 왜곡을 하게 된 것입니다. 자신보다 어린 후배들이 키가 작은 자신을 무시한다고 생각했던 것이죠. 즉, 충분한 근거가 없는데도 불구하고 '자신을 무시한다'라는 임의적 추론을 하게 되었습니다. 그러다 보니 자연스레 우울해지고, 불안해진 것입니다.

상상 속 청중을 몰고 다니는 사춘기 아이

"엄마, 나는 키가 작은 것이 괜찮지만, 다른 사람은 나를 어떻게 생각할까요?"

이제까지 '키가 작아도 나는 나대로 괜찮아!'라고 생각했던 아이가 갑자기 왜 다른 사람의 시선을 이토록 신경 쓰게 되었을까요? 이는 사춘기에 나타나는 특징 중 '상상 속 청중(Imaginary Audience)'으로 설명할 수 있습니다. 상상 속 청중은 사춘기에 나타나는 '자기중심성(egocentrism)' 중 하나입니다.

지적으로 급성장을 하는 청소년기에는 자기 생각이나 감정 등에 대해 생각할 수 있는 능력(Meta-Cognition)이 생겨납니다. 따라서 아이들은 제삼자가 되어 자기 자신을 관찰합니다. 자기 자신에 대해 예리하고도 깊게 생각하게 됩니다. 자연스럽게 자기에 관한 관심이 집중되다 보니까 자의식이 생기면서 자기중심적 사고를 하게 되는 것이지요. 뇌 발달 측면에서 살펴본 청소년의 뇌는 상황 판단, 계획과 실행, 통찰, 조절력과 관련된 전두엽이 아직 미성숙한 단계입니다. 전두엽이 아직 공사 중이다 보니 전체를 보지 못하며 자기중심적 사고가 나타날 수밖에 없습니다.

유아기 시기에도 자기중심적 사고가 나타나지만, 이는 청소년기의 자기중심적 사고와는 차원이 다릅니다. 유아는 숨바꼭질할 때, 내가 숨었다면 남들이 나를 보지 못하리라 생각합니다. 유아는 다른 사람의 관점과 나의 관점을 구분하지 못하고 자기 관점에서만 생각하고 행동하는 자기중심적 특징을 보입니다. 이와 달리, 청소년기의 자기중심성은 세상이 '나'를 중심으로 돌아간다는 착각을 하게 만듭니다. "오늘 밤 주인공은 나야 나! 나야 나!" 노래 가사처럼 사춘기 아이들은 자기 자신이 세상의 주인공이 된 듯 착각합니다. 자신만의 무대에 오른 가수처럼, 세상이라는 무대 속에 조명을 받는 배우처럼요.

자기중심적인 사춘기 아이들은 상상 속의 청중을 몰고 다닙니다. 따라서 다른 사람들의 시선을 민감하게 신경 씁니다. 본인이 자신에게 온 관심을 집중하니 상상 속의 청중은 전부 관객이 되어 나를 바라보고 있다고 생각합니다. 그러니 내가 입는 옷과 헤어스타일, 하는 행동, 내 일거수일투족이 신경 쓰일 수밖에 없습니다. 집 앞 슈퍼마켓에 아이스크림을 사러 나갈 때도 거울을 몇 번이나 들여다보며 단장하는지 모릅니다. 어디선가 상상 속의 청중이 나를 보고 있을 거 같거든요.

아이들은 상상 속의 청중이 '나'를 긍정적으로 바라봐주고, 칭찬하고, 치켜세운다고 생각하지 않습니다. 그보다는 아주 엄격한 잣대로 까다롭게 바라보며 신랄하게 비판하리라 생각합니다. 그러다 보니까 상상 속의 청중에게 잘 보이기 위해 많은 시간과 에너지를 쓰게 됩니다. 하지만 상상 속의 청중은 실제적 청중이 아니기에 어떤 기준을 정해 맞추기란 참 쉽지 않습니다. 학교 가는 첫날, 친구들에게 잘 보이기 위해 마흔두 번이나 옷을 갈아입었던 카밀라를 보면 얼마나 자신을 의식하는지 알 수 있습니다. 또한 '예쁘다' 라는 기준은 모두 각자 다르므로 카밀라는 옷을 선뜻 선택할 수 없었던 것이지요.

줄무늬병으로 상상 속의 청중이 아닌 실제 수많은 청중을 몰고 다니게 된 카밀라는 얼마나 창피했을까요? 가뜩이나 사소한 실수에도 크게 당황하고, 작은 비난에도 쉽게 눈물을 흘리거나 분노를 보이는 시기인데, 놀림거리가 된 카밀라는 참 많이 힘들었을 것 같습니다.

상상 속의 청중을 이겨내는 방법

남들이 나를 어떻게 생각하는지 신경 쓰느라 줄무늬병에 걸렸던 카밀라는 어떻게 치료될 수 있었을까요?

수많은 전문가도 고칠 수 없었던 카밀라의 줄무늬병을 고치는 방법은 생각보다 간단했습니다. 아욱콩을 먹는 것이었답니다. 이게 무슨 말일까요? 그것은 바로 카밀라가 다른 사람의 시선과 상관없이 내가 어떤 것을 좋아하는지 명확하게 알고, 진짜 나의 모습을 인정하게 되었다는 말입니다. 심리학적으로 말하면 카밀라는 자아정체성을 찾게 되었고, 조금은 더 현실적으로 자신을 바라보고 사고하게 된 것이랍니다.

"어라? 내가 아욱 콩을 먹어도 다른 사람들이 내가 생각한 것만큼 이상하게 생각하지 않네?"
"내가 옷을 조금 이상하게 입어도 친구들은 내가 뭘 입었는지 크게 관심이 없는 거 같아."

상상 속의 청중을 몰고 다닐 정도로 '자기'에게 몰입했던 아이는 조금씩 다른 사람의 입장과 관점을 깊이 이해할 수 있는 어른으로 자라납니다. 사춘기 때 겪는 다양한 경험을 통해 아이들은 자신과 타인을, 그리고 세상을 현실적이고 객관적으로 인식하고 바라보게 되지요. 남들이 내가 걱정하는 만큼 나를 이상하게 생각하지 않는다는 것, 무엇보다 내가 생각한 것만큼 나에게만 모든 관심이 집중되는 것이 아니라는 것을 서서히 인식하게 됩니다. 이러한 과정들을 통해 사춘기의 자기중심적 사고는 서서히 옅어지게 됩니다. 만 15~16세가 되면 어느 정도 현실적인 사고가 가능해져 상상적 청중은 대부분 사라지게 됩니다.

공감적인 대화를 나눌 수 있는 엄마가 되어주세요

성장하면서 사라진다고는 하지만, 정작 자기중심적인 특성을 보이는 사춘기 아이들과 부대끼며 사는 엄마는 속이 터지고 답답합니다. 다른 사람의 시선을 지나칠 정도로 예민하게 신경 쓰는 아이를 보면 이해되지 않습니다. 자칫 지각이라도 할까 염려되는 등굣길에서 거울은 얼마나 들여다보는지, 조금이라도 앞머리가 갈라지면 짜증을 버럭 냅니다. 모처럼 주말에 나들이하러 가려면 옷, 신발을 얼마나 오랫동안 고르는지…. 도무지 이해가 되지 않습니다.

"대학 가면 다 예쁘고 멋있어진단다. 외모와 치장에 이제 그만 신경 쓰고 공부나 해!"
"누가 널 신경 써서 보겠니? 아무도 너에게 관심이 없어~"
"엄마 눈에는 네가 제일 예쁘기만 하더라. 뭐가 걱정이야?"
"너는 키만 더 크면 훨씬 더 멋있을 텐데 언제 키가 좀 클까?"

답답한 마음에 엄마가 쏟아내는 잔소리들. 하지만 안타깝게도 엄마의 잔소리, 비난과 질책, 독이 되는 칭찬은 아이와의 관계를 악화시킬 뿐입니다. 사춘기 아이들이 외모, 치장에 관심을 가지는 것은 너무나도 자연스러운 일입니다. 그런데 엄마가 이를 무시하고 지나친 지적이나 비난을 한다면 오히려 '대화 단절'이라는 심각한 문제를 유발할 수 있습니다.

한편으론 적절한 근거 없이 무조건 예쁘고, 멋있다고만 하는 것도 아이의 고민을 평가절하하여 반응하는 것입니다. 이때, 아이는 엄마에게 이해받았다고 생각하기보다 단순히 자신을 놀린다고 생각할 수 있습니다. 또한, 엄마가 아이를 향해 키가 작은 것이 문제라고 하거나, 살만 빼면 완벽한데…. 라는 이야기를 하게 되면 아이는 외모에 대한 편견을 더욱 강하게 가질 수 있습니다.

청소년기 아이들은 다른 사람의 시선에서 자신을 바라보기 때문에 '수치심'이라는 부정적인 감정에 흔하게 노출됩니다. 특히, 엄마의 지나친 지적과 비난, 근거 없는 과도한 칭찬, 그리고 외모에 대한 편견을 강화하는 반응은 아이에게 수치심을 줄 수 있습니다. 결국, 우리 아이가 건강한 방식으로 자아정체성을 형성해나가는 데 부정적인 영향을 끼치게 됩니다.

오늘은 우리 카밀라가 시도 때도 없이 거울을 들여다보며 머리를 매 만지고, 무슨 옷을 입을지 고민하는 모습이 한심해 보일지라도 너그럽게 넘어가면 어떨까요? 때로는 아이와 맞장구치며 어떤 옷이 예쁜지, 아이와 어울리는 옷은 어떤 것인지 함께 찾아보며 시시콜콜 수다를 떨 수 있는 친구가 되어보는 건 어떨까요?

온통 신랄한 비판가인 상상 속 청중의 갈채를 받고자 애쓰는 우리 아이에게 "개학날이 되니까 어떤 친구를 만날지 떨리나 보다. 새로 만날 친구들에게 잘 보이고 싶구나. 엄마도 그랬었는데…"라고 공감하고, 반영해주는 것은 어떨까요? 아이 입장에서는 심각하고 진지한 고민을 엄마의 시선에서 사소한 것으로 치부하지 않는다면, 그리고 누구보다 진지하게 함께 고민해준다면 아이는 상상 속 청중으로 인해 마주하게 되는 고단한 마음을 해소해 나갈 수 있을 거예요. 만약 아이가 엄마의 말에 반응을 보인다면, 이런 식으로 자연스럽게 대화를 이어가는 건 어떨까요?

"카밀라. 너는 스스로 어떤 옷이 잘 어울린다고 생각해?"
"만약 친구들에게 잘 보이기 위해서가 아닌, 네가 생각했을 때 너에게 잘 어울리는 옷을 고른다면 어떤 걸 고르고 싶니?"

타인의 관점이 아닌 '내 관점'에서 나를 생각해볼 수 있는 질문들을 통해 아이는 '남이 보는 나'에서 벗어나 '내가 보는 진정한 나'로 확장된 시각을 갖게 될 것입니다.

가장 가까이에서 한결같이 지켜보는 엄마의 적절한 공감과 반영, 이것이 우리 아이에게 가장 필요한 선물이 아닐까요? 힘들고 어려울 때마다 아이는 엄마가 준 단단한 선물을 열어보며 나 자신을 있는 그대로 사랑할 수 있게 될 것입니다.

Q.

[지금도 충분한 것 같은데,
이토록 열심히 사는 이유가 있나요?]

엄마를 생각하면 어떤 이미지가 떠오르시나요? 그림책에서 표현된 엄마는 어린아이에게 세상의 중심이자, 가장 위대한 존재입니다. 엄마는 근원이고, 살아나갈 힘을 주는 사람이며, 못 하는 것이 없는 대단한 사람입니다. 아이의 시선에서 만나는 '이름만으로도 완벽한 엄마'의 이야기를 들어보실래요?

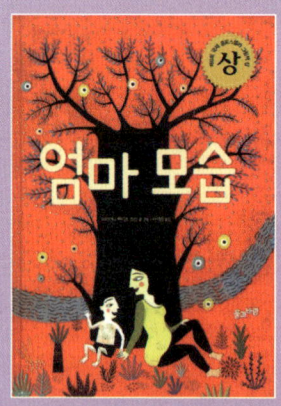

엄마 모습
마리아나 루이스 존슨 지음 | 서석영 옮김 | 풀과바람

제5화

우리 엄마, 아빠가
달리 보여요

위대한 엄마, 아빠가 되었던 순간, 기억나시나요?

"엄마는 아주 많은 일을 해요.
정말 대단해요!"

 우리 아이가 이처럼 말했던 때가 기억나시나요? 그때 우리는 마치 온 우주의 빛나는 숭고한 별이 된 듯 너무나도 충만했습니다. 아이가 어릴 때, 자주 읽었던 그림책들은 엄마와 아빠를 세상 그 누구보다 멋지고 완벽한 사람으로 묘사합니다. 그리고 그 위대한 존재인 엄마에게 엄청난 사랑을 고백하는 아이가 등장합니다. 우리가 같이 만날 그림책『엄마 모습』에 등장하는 아이도 엄마를 세상 그 누구보다 멋지고 대단한 사람으로 묘사합니다. 두렵고 낯선 세상에서, 한없이 약하고 모든 것이 서툴렀던 우리 아이의 눈에 비친 엄마는 어떤 모습이었을까요? 함께 있기만 해도 편안하고 그저 행복한, 정글도 무섭지 않을 만큼 용기를 북돋아 주며, 나를 위해 그 어떤 것도 해줄 수 있는 위대한 존재였습니다. 엄마만 그랬을까요? 아이에게 아빠 역시 세상을 구원하는 위대한 슈퍼영웅과 같았을 테고, 무엇이든 다 할 수 있는 대단한 마법사와 같았을 테지요. 아무리 두렵고 무서운 일이 있어도 위대한 존재인 엄마와 아빠만 내 곁에 있어 준다면 세상 그 어떤 것도 무섭지 않았던 시절이 있었습니다.

그 시절, 아이들은 TV 속 송혜교, 김태희 보다 우리 엄마가 더 예쁘고 아름답다고 엄지를 치켜세우며 뽀뽀를 날려 주었습니다. 그리고 공유의 멋진 모습에 빠진 엄마를 보며 혀를 끌끌 차곤 했습니다. "엄마 공유가 그렇게 멋있어? 우리 아빠가 더 멋있는데…. 엄마는 이상해!" 남편이 공유보다 더 멋있나요? 설마요. 아빠를 이상화시켜 바라보는 아이를 보며 엄마는 헛웃음을, 아빠는 공유보다 햄버거를 몇 개나 더 올린 듯한 어깨를 으쓱하였답니다. 사람들이 많은 장소에서 "우리 엄마가 송혜교보다 더 예뻐!, 우리 아빠가 공유보다 더 멋있어!"라고 외치는 아이의 입을 틀어 막은 적이 한두 번이 아닙니다. 세상, 가장 낯부끄러운 순간이었죠. 놀이

터에서 아이들의 싸움을 가만히 지켜보면, 우리 엄마가 세계 최고로 예쁘고 똑똑한 박사라고, 우리 아빠는 경찰보다 더 무섭고, 소방관보다 더 용기 있고, 슈퍼맨보다 더 멋진 사람이라며 서로 우기는 싸움이 대부분이었습니다. 그 달콤한 속삭임에 마음을 빼앗겨 하루에도 열두 번은 웃던, 그때가 있었습니다.

　우리 아이가 어릴 때 나에게 했던 고백들을 한 번 떠올려 보시겠어요? 그리고 나를 향해 보냈던 시선도요. 세상 어느 누가 나를 그렇게 맹목적으로 바라봐주며 사랑한다고 고백할 수 있을까요? 세상 그 누가 나를 이렇게 멋지고 위대한 사람으로 치켜세워줄 수 있을까요? 연애할 때도 이토록 다정스러운 고백은 못 들어봤습니다. 어린 시절 상을 받았을 때도 이토록 위대하단 갈채는 못 받아봤습니다. 온 시선을 담아, 마음을 다해 나를 사랑해주고 치켜세워주었던 아이 덕에 몸은 힘들었을지언정 마음만은 충만했습니다.

　우리네 초보 엄마, 아빠의 삶은 낯선 세상에 태어난 아이만큼이나 두려움과 불안으로 가득 찼습니다. 하지만 우리를 세상 최고다 자부하고 우리에게 온 존재를 던져 의지했던 아이로 인해 우리는 강한 부모가 되고자, 든든한 버팀목이 되고자 부단히도 애쓸 수 있었습니다.

그냥 그런 아줌마와 아저씨로 등락한 순간!

그런데···.
세상에서 제일 예쁘고 제일 똑똑했던 그 엄마가, 세상 그 누구보다 위대하고 멋있었던 그 엄마가, 이제는 그냥 그런 아줌마로 보입니다. 하늘보다 더 높고 바다보다 더 넓었던 그 아빠가, 세상에서 제일 멋있고 제일 용감했던 그 아빠가 이제는 그냥 그런 아저씨로 보입니다. 어쩌면 엄마, 아빠를 '드디어', '이제야 비로소' 객관적으로 보기 시작하게 된 듯합니다. 음···. 아닌가요? 객관적인 사실보다 더 못한 존재로 아이 눈에 비치는 것은 아닐까 염려되기도 하시나요?

내 친구 엄마처럼 엄마도 예쁘게 꾸미고 다니라는 아이의 말에 피식 웃으며 "이제 다 컸네" 하며 뒤돌아섭니다. 사실은 마음이 땅으로 꺼지고 서운하기 그지없습니다. 달콤한, 자신도 믿을 수 없었던 그 고백이 다시 듣고 싶어집니다. 너무나도 그리워집니다. 자식 눈에 이제는 내가 별 볼 일 없게 보이는 이 사실이 서글퍼지기도 합니다. 예전에 네가 안 그랬다며, 지난날의 고백들을 녹음해놓지 못한 게 후회가 됩니다.

우리를 위대하고 완벽한 존재로 보았던 이유

어린 시절, 아이들의 눈에 한없이 커 보이고, 완벽한 존재로 부모가 비쳤던 이유에는 심리학적 사실이 숨겨져 있습니다. 자기심리학자 하인츠 코헛(Heinz Kohut)에 의하면, 4~6세 경 아이들은 『엄마모습』에 묘사된 대로 전지전능하고, 강한 이상화된 부모 이미지를 가지고 있다고 합니다. 아이는 한없이 나약한 존재이기에 홀로 살아갈 수 없습니다. 그래서 아이는 부모를 완벽한 존재로 여기고, 부모의 한 부분으로 자신을 인식하고 싶어 합니다. 두렵고 험한 세상 속에서 강한 존재인 부모와 연합하고 싶어 합니다. 그래야 이 세상을 안전한 곳으로 인식하고 살아갈 힘이 생기거든요.

어린아이는 아빠에게 매달려 목마를 태워달라고 조릅니다. 햇살 가득한 날, 목마를 탄 아이는 아빠와 연합되어 땅에 비친 크나큰 그림자를 흐뭇한 눈으로 바라봅니다. 길게 드리워진 그림자를 보며, 실제 자신의 존재보다 더 확장된 존재의 모습을 확인합니다. 아빠의 어깨에 올라서서 한없이 우뚝 서봤던 아이는 전능감에 심취해 의기양양합니다. 전지전능한 부모와의 연합은 이처럼 아이에게 만족감, 강함, 완전함을 가져다줄 수 있습니다. 그리고 자기가 팽창되었던 경험을 한 아이는 다시 낮아진 세상으로 돌아와도 기꺼이 잘 살아갈 수 있게 됩니다.

또한, 아이는 위대하고 강하면서도 한편으론 자기를 진정시켜 줄 수 있는 대상이 필요합니다. 어린아이는 정서적으로 불안할 때, 아직 자신을 위로하고 진정시킬 수 있는 능력이 없습니다. 내가 할 수 있다고, 아빠보다 힘이 세다고 큰소리쳤던 아이가 작은 벌레를 보고 화들짝 놀라기도 합니다. 이때 아이는 갑자기 초라해진 자신에 대해 수치심을 경험할 수 있습니다. 엄마, 아빠는 겁에 질린 아이를 품에 안고 "우리 ○○ 무섭지? 괜찮아!"라고 토닥여 줍니다. 최고였던 아이의 두려움을 수용해주고, 연약함도 인정해주는 부모와의 관계 경험은 훗날, 부모의 도움 없이도 자기 자신을 스스로 위로하고 진정시킬 수 있는 능력을 갖추도록 도와줍니다. 이러한 경험을 토대로 아이는 세상을 살아가면서 수없이도 흔들리며 휘몰아치는 감정을 조절할 수 있는 능력을 갖게 됩니다.

이상화된 부모상에서 현실적인 부모상으로

하지만 이상적인 부모상은 아이가 성장함에 따라 현실적인 모습으로 수정되는 과정이 필요합니다. 현실적으로 우리가 진정 세상을 구원하고, 아이의 모든 어려움을 막아줄 수 있는 영웅인가요? 아니죠. 우리는 절대 신과 같이 완벽하게 아이를 구원해줄 수 있는 존재가 아닙니다. 아이는 이상화했던 부모를 차츰차츰 현실적으로 평가하게 됩니다. 아빠 어깨 위에 올랐던 최고의 경험도, 엄마 아빠가 나를 위로해줬던 따스한 경험도 이제는 내가 스스로 처리할 수 있는 심리적 구조를 갖게 되는 것입니다.

(만약 아직 엄마, 아빠를 완벽한 존재이자, 위대한 존재로만 인식한다면 아이는 부모에게 한없는 의존을 보일 수 있습니다. 결국, 스스로 어떤 것도 하지 못한 채, 부모에게 의지하는 아이는 여전히 낯설고 무서운 세상 속에 숨고 싶은 어린아이 같은 모습일 뿐입니다. 몸만 성장한 채, 아이가 지닌 심리적 구조는 여전히 어린아이에 머물러 있습니다.)

엄마, 아빠가 없으면 안 될 것 같이 연약했던 그 아이가, 어른이 되어도 엄마, 아빠와 절대 헤어지지 않고 같이 살 거라며 눈물 한 바가지를 쏟아냈던 그 아이가, 이제는 독립하려고 합니다. 울던 아이를 달래며 '사춘기가 시작되고 엄마 잔소리 지겹다고 어서 빨리 독립하고 싶다고나 하지 말아라' 라고 혼자 되뇌었던 순간이 현실로 다가왔습니다.

이제 아이는 엄마, 아빠의 잔소리에 "난 스무 살이 되면, 꼭 독립해서 친구랑 살 거야"라고 이야기합니다. 하아… 다섯 살 꼬맹이와 이리도 다르다니요. '엄마, 아빠 없이 절대 못 살아'에서 '엄마, 아빠 때문에 못 살아'로 변해버렸습니다. 드디어 올 것이 왔다고 생각하며 서운하기도 하지만 한편으론 흐뭇한 웃음이 지어집니다. 아이들이 세워 놓았던 위대한 아빠 왕, 엄마 왕비라는 자리에서 내려오며 현실적인 자리에 앉게 된 지금 이 시기는 어쩌면 당연하고도 자연스럽게 우리에게 찾아옵니다. 그러니 너무 서운해할 필요도, 너무 억울해할 필요도 없습니다.

이 모든 과정을 여유롭게 바라봐주세요

완벽하고도 위대한 척하느라 애썼던 무게감 가득했던 자리에서 내려와 편안하게 아줌마, 아저씨로 지낼 수 있게 된 지금, 이 순간을 여유롭게 바라보세요. 이제 아이는 영웅처럼 나타나 모든 문제를 해결해주는 부모의 도움 없이도 스스로 하나둘 해결해나갈 수 있는 청소년이 되었답니다. 수많은 고민과 상처로 얼룩진 세상 속에서, 우리 아이는 스스로 자기 자신을 위로해나갈 수 있는 멋진 능력(Self-Smoothing)을 가꿔가는 중입니다. 그 무엇보다 아이는 관계에서 아주 중요한 사실을 몸소 배우고 있습니다. 그것은 바로 위대하고 완벽했던 엄마와 아빠를 현실적으로 바라보며 대상을 적절히 통합해나가는 것입니다. 부모라는 대상 안에는 내가 꿈꾸며 바라던 이상적인 모습뿐 아니라, 연약하고 힘들어하는 모습도 있다는 것을…. 내가 만나는 모든 사람 역시 위대함도, 그리고 나약함도 동시에 지닌 존재라는 걸 깨닫게 될 것입니다. 세상 모든 관계가 100% 좋은 것도, 100% 나쁜 것도 아님을 알게 될 것입니다.

기억하세요. 아이는 지금 엄마, 아빠를 별 볼 일 없는 존재가 아닌 이상화시켰던 모습에서 현실적인 모습으로 재인식하는 과정을 거치고 있다는 것을요. 그리고 이 과정은 청소년이라면 당연하게 지나야 하는 과정이라는 것을요. 아이는 부모의 좋은 부분들과 부족한 부분들을 적당히 버무려 이만하면 괜찮은(Good enough) 부모로 우리를 만나가고 있는 중이랍니다.

아침 햇살이 화사하게 비치는 어느 날, 작고 귀여운 여자아이가 들판으로 뛰어나옵니다. 혼자서 놀러 나온 여자아이는 심심한가 봅니다. 제 할 일에 바쁜 동물 친구들에게 다가가 "나랑 같이 놀자" 말을 걸어봅니다. 하지만 모두들 아이와 같이 놀지 않고 자리를 피해버리죠. 외톨이가 된 여자아이의 쓸쓸함이 그림책에 담겨 있습니다. 과연 여자아이는 친구를 사귈 수 있을까요?

나랑 같이 놀자
마리 홀 에츠 지음 | 양은영 옮김 | 시공주니어

제6화

내게 너무나 중요한 그대.
'친구'라는 이름

나랑 같이 놀자

『나랑 같이 놀자』의 노란색 바탕과 무표정한 여자아이 그림은 우리 마음을 사로잡습니다. 노란색 바탕 표지에 이어 그림책 안의 노란색 공간은 주인공 여자아이의 내면세계를 담고 있습니다. 색채 심리에서 노란색은 따뜻함, 귀여움, 행복함 등의 심리를 나타냅니다. 절박함을 가득 담아 희망과 기쁨, 그리고 사람과의 뜨거운 만남을 갈망했던 고흐의 많은 그림에도 노란색이 두드러지게 나타납니다. 또한, 쉽사리 채워지지 않는 외로움과 쓸쓸함도 노란색으로 함께 표현됩니다. 그림책 속 여자 아이도 화가 고흐와 같은 감정의 결을 느끼고 있는 걸까요?

이른 아침, 해가 뜨자마자 여자아이는 설레는 마음 가득 안고, 들판으로 달려 나옵니다. 혼자여서 심심하고 외롭기도 한 아이는 친구들에게 "나랑 놀자"라고 말을 건넵니다. 하지만 누구도 아이 말에 쉽사리 응하지 않습니다. 아이에게 다가오기는커녕, 모두 재빨리 자기만의 세계로 도망가 버리죠. 친구를 사귀지 못해 슬픈 아이는 이제 지쳤는지 조용히 앉아 있습니다. 간절히 친구를 원하지만, 사귈 수 없는 아이의 마음은 쓸쓸함과 애잔함으로 가득 찹니다. 아이의 발자취를 함께 한 우리에게도 안타까운 마음이 들게 합니다.

사춘기 아이들도 그림책 속의 아이와 같이 친구를 향한 갈망이 참으로 애절합니다. 물론 아동기에도 친구는 중요합니다. 하지만 그 시절엔 친구라고 해도 같이 놀다가도 금세 다른 친구들과 어울리기도 하고, 같이 논다고 하지만 각자 다른 놀이를 할 만큼 '함께'라는 의미가 그다지 드러나지 않습니다. 아동기 아이들은 또래에 대한 의존성이 적지만, 청소년기 아이들은 친구에 대한 갈망과 의존성이 매우 큽니다. 그렇기에 이 그림책은 친구가 없을 때 사춘기 아이들이 느끼는 외로움과 쓸쓸함을 잘 보여주는 듯합니다.

내게 너무 중요한 그대, '친구'라는 이름

하루에도 몇 번씩 깔깔거리며 웃다가 눈물짓는 사춘기 아이들에게 친구 관계는 매우 중요한 의미를 지닙니다. 상담심리에서 주요한 이론 중 하나인 대상관계 이론에서는 인간의 기본 욕구를 관계 형성의 욕구로 보았습니다. 갓 태어난 아이는 관계의 모체에서 태어나 엄마(양육자)와 관계 속에서 성장하게 됩니다. 엄마와의 안정된 관계 속에서 아이는 '자기(self)'를 형성해나가고, 세상 속에 자기를 인식해나가게 됩니다.

청소년기에는 아이들이 부모로부터 심리, 정서적 독립을 성취하기 위해 부단히 애를 씁니다. 또한, 엄마의 심리적 지지가 아닌 다른 대상의 심리적 지지를 받고 싶어 합니다. 따라서 엄마를 대신하여 새로운 정서적 욕구와 관계 욕구를 채워줄 대상을 찾게 됩니다. 그 대상은 바로 나를 가치 있게 여겨주고 삶의 순간들을 함께 나눌 수 있는 친구입니다. 안전 기지였던 엄마를 벗어나 새로운 친구를 사귀며 의미 있고 만족스러운 관계를 형성하는 것은 사춘기 아이에게 너무 큰 즐거움입니다. 부모님과 갈등이 고조되는 이 시기에 나와 비슷한 경험을 하고 고민을 나눌 수 있는 친구는 삶에 있어 매우 필요한 존재입니다.

청소년기의 가장 중요한 발달과제인 긍정적 자아 정체감을 형성하는 데 있어서도 친구들의 든든한 지지, 긍정적 인정은 매우 중요합니다. 친구 관계 속에서 자기의 이미지를 형성해나가며 오롯이 홀로 있던 나에게서, '타인과의 관계 속의 나'를 배워가게 됩니다. 친구 관계는 자아 정체감 형성뿐만 아니라 학업, 진로, 진학, 미래의 행복 등에도 매우 큰 영향을 미치게 됩니다. 친구가 주는 심리적 지지는 아이들이 사회에 잘 적응할 수 있도록 도와주며, 부정적 스트레스를 완충하도록 도와줍니다. 엄마인 나도 직장에서 동료와 관계가 어려울 때, 가정에서 남편과 관계가 어려울 때는 일이 손에 잡히지 않습니다. 아무것도 하기 싫어지고, 스스로 비참하게 느껴질 때도 있습니다. 이처럼 아이들도 하루의 많은 시간을 보내는 학교에서 친구 관계가 어렵다면 당연하게 학업에 집중하기 어려워지게 됩니다.

하지만 엄마는 친구 따라 강남 가고, 친구 관계에 따라 하루에도 기분이 몇 번씩 오락가락하는 아이가 이해되지 않습니다. 분명 내 어린 시절에도 친구랑 싸우면 학교에 가기 싫고, 친구들이 날 싫어하진 않을까 염려하고, 무리에 끼지 못하면 좌절했던 시절이 있었는데 어느새 잊어버렸는지도 모릅니다. 나를 이해해주는 단 한 친구가 있더라도 힘이 나고 다시 일어설 수 있었던 그 시절의 든든함을 말입니다.

나와 닮은 친구가 필요해요

아이의 친구를 가만히 관찰해본 적 있나요? 또는 나와 가장 친했던 친구들을 가만히 떠올려 볼까요? 묘하게도 닮은 구석이 어쩐지 많아 웃음 지어질 때가 있진 않나요? 우리는 모두 나와 닮은 공통성을 지닌 존재, 우리는 하나라고 반응해 주는 쌍둥이 같은 자기대상을 찾곤 합니다. 내가 누구인지, 내가 좋아하는 것이 무엇인지 찾아가는 과정에서 자신과 비슷한 친구를 찾고 만납니다. 공동의 관심사를 통해 관계를 시작합니다.

아이들은 생에 가장 불안정한 사춘기라는 이 시기에 자기에 대한 걱정을 많이 합니다. 자신이 누구인지 확신이 없어 방황하기도 합니다. 정체성 혼미로부터 벗어나 정체성을 찾으려는 욕구로 인해 소속 집단에 동일시하려는 경향이 강해집니다. 자기에 대한 가치를 친구 관계에서 찾으려 합니다. 또한, 친구와의 동일시를 통해서 자신의 내면을 공유하고 정서적으로 강렬하게 연결되고자 합니다.

전 세계적으로 문제가 되는 자해 문제 역시, 또래 동일시 현상으로 설명할 수 있습니다. 자해 문제로 어려움을 호소하는 아이들과 상담하다 보면 그 시작이 또래 친구들과 연결되어 있음을 자주 발견합니다. 친구를 통해 자해를 알게 되고, 함께 하기 시작하고, 또 다른 친구에게 호기심을 자극하여 모방하도록 합니다. 이처럼 청소년 문화 속에서 강한 동조 현상으로 인해 바이러스처럼 일파만파 자해가 퍼져나가게 되는 것입니다. 소속감을 느끼기 위해 시작한 자해를 중단하는 것은 참 쉽지 않은 일입니다.

특히 여자아이들은 남자아이들보다 애착과 친밀감의 수준이 더 높습니다. 남자아이들은 독립성에 더욱 많은 관심을 가지는 것에 비해 여자아이들은 친구에게 기대고, 끈끈한 친구관계를 형성하고 유지하는 것에 관심을 더욱 가집니다. 따라서 동조 현상은 여자아이들에게 더욱 두드러지게 나타날 수 있습니다.

친구 관계가 너무 어려워요

올해 중학교에 입학한 수영이는 처음 입어보는 교복이 너무 낯설었습니다. 친구들과 동네 놀이터에서 뛰어놀던 초등학생 때와는 달리 공부도 잘해야 할 것 같고, 어른스럽게 굴어야 할 것 같은 마음에 어깨가 무거워진 기분이었습니다. 교복이 주는 성숙의 힘에 뭐라도 보답을 해야만 할 것 같은데 마음이 영 예전 같지 않습니다. 친구들과 수다를 떨 때는 한없이 행복하다가도 내가 친했던 친구들이 다른 친구와 놀면 나를 떠나갈까 너무나 불안해집니다. 괜히 이유 없이 눈물이 나다가도 이유 없이 웃음도 나오니 내가 이상해진 건 아닐까 걱정도 됩니다. '학교 선생님들은 날 좋아하실까? 공부를 못하면 나를 싫어하진 않으실까?' 온종일 같이 있던 담임 선생님께 수업을 들었던 초등학교 때와 달리, 수업시간마다 다른 선생님이 들어오시니 머리가 어질어질 합니다. 한 마디로 잘 보이고 신경 써야 할 선생님이 너무나 많아진 것입니다. 관계가 복잡해진 만큼 이것도 잘해야 할 것 같고, 저것도 잘해야 할 것 같아 분주하다가도 어느 순간 모든 것을 내려놓고 무기력해지기도 합니다.

갓 중학교에 입학한 아이들은 수영이와 같은 혼란에 빠질 때가 많습니다. 초등학교 때와는 달리 관계가 너무나 많이 확장되었습니다. 또래 친구와의 관계 양상뿐만 아니라 한 선생님과의 관계를 벗어나 과목마다 선생님들을 마주해야 하는 시점이 아이에게는 매우 피곤한 일로 다가올 수 있습니다. 새로운 사람들과 사귐은 우정을 확장할 기회로 여겨지기도 하지만, 아이들은 끊임없이 다른 사람들이 어떻게 하면 나를 좋아하게 될지 고민합니다.

엄마 세대와 달리 아이들은 관계에서도 어쩌면 경쟁적인 위치에 내몰렸는지도 모릅니다. 엄마 세대에는 한 반의 친구들이 40명~50명으로 많았으며, 대부분 여중-여고, 남중-남고를 다녔습니다. 따라서 한 무리에서 관계가 틀어져도 다른 무리와 관계 맺을 수 있는, 즉 회복할 수 있는 관계 경험의 기회가 많았습니다. 하지만 요즘 아이들은 20~30명의 학급 친구들, 그중에 같은 성별을 지닌 친구들은 10~15명 남짓이라 처음 한 무리에 정착하지 못하면 친구를 사귀기 어려운 구조입니다. 이로 인해 우리 아이들이 관계에 더 신경 쓰고, 눈치 보고, 어려워하는 것이죠.

친구가 없는 아이의 쓸쓸함은 강한 햇살이 내리쬐어도 애써 감출 수 없는 감정의 색인 듯합니다. 그 어떤 것으로도 채워질 수 없습니다. 제아무리 따스한 노란빛 바탕의 그림책이어도 친구 한 명 사귀지 못하고 힘들어하는 아이의 모습을 지켜보는 우리의 애잔함은 이루 말할 수 없습니다. 이처럼 애써 손 내밀어 다가가 보지만 거절당한 아이는 학교에서 지내기가 참 쉽지 않습니다. 고독과 적막함이 내면을 감싸게 됩니다.

사춘기는 극도로 외롭고 친밀감을 원하면서도 관계의 어려움으로 인해 두려워하는 시기이기도 합니다. 2016년 행복 교육 모니터링 결과보고서에 따르면, 학업중단의 이유로 '친구 관계의 어려움'이 가장 많았습니다. 실제 학교 현장에서 친구 관계의 어려움으로 학교를 떠나는 아이들을 많이 만납니다. 상담을 통해 아이에게 든든한 버팀목이 되려고 노력하고, 아이의 아프고 상한 마음을 헤아려 지지하지만, 결국 아이는 학교를 떠나게 되는 경우가 많습니다. 상담실 밖의 세상은 내 곁에 있는 친구가, 나의 마음을 이해해주는 친구가 하나도 없습니다. 상담실 문을 나선 순간,

지랄발광 사춘기 ∞∞∞ 흔들리는 사십춘기

아이들의 마음은 교실 시멘트 바닥처럼 차갑고 적막하기 그지없습니다. 본능적인 관계의 욕구가 좌절되었기 때문입니다. 그 적막함을 못내 이겨내지 못하고 떠나는 아이들이 많아 마음이 참 아플 때가 있습니다.

내 곁으로 다가오는 친구들 그리고 엄마

친구 없이 가만히 바위 위에 홀로 앉아 있던 시간이 얼마나 흘렀을까요? 아이를 피해 달아났던 친구들이 하나둘, 아이 곁으로 다가옵니다. 기다림의 묘미를 배운 아이는 다가오는 친구들에게 섣불리 손을 내밀거나 조급하게 행동하지 않습니다. 친구가 생긴 아이는 행복한 미소를 머금습니다. 그리고 이렇게 이야기하죠.

> "아이, 좋아라! 정말 행복해!
> 모두들, 모두들, 나하고 놀아주니까."

친구가 생긴 아이는 얼마나 행복할까요? 누군가와 '함께' 있는 장면은 우리의 마음마저 풍요롭게 해 줍니다. 해맑게 웃고 있는 아이의 웃음이 담긴 장면은 우리에게 뭉클함을 가져다줍니다.

그런데 가만히 그림책을 한 장 한 장 넘기다 보면, 아이의 시작부터 끝까지 함께 하는 존재가 있습니다. 누구인지 발견하셨나요? 네. 처음 시작을 알려 준 '해님'입니다. 해님은 아이의 설레는 마음, 속상한 마음, 쓸쓸한 마음, 기쁜 마음을 모두 묵묵히 바라봅니다. 그리고 적당한 거리에서 늘 따라다니며 함께 합니다. 우리 아이들에게 있어 '해님'은 바로 엄마가 아닐까요?

묵묵히 지켜봐 주는 해님 같은 엄마가 되어주세요

해가 쨍쨍, 자신을 불태워 뜨겁게 아이에게 비춰 자신의 존재를 알린다고 해도, 아이는 해를 친구 삼지 않습니다. 속상한 마음에 내가 여기 있다고, 제아무리 말해도 아이들은 엄마가 아닌 친구가 필요합니다. 아이에게는 그림책 속의 해처럼 그저 한 걸음 한 걸음 묵묵히 지켜봐 주고 함께 해 주는 엄마가 필요합니다. 사춘기 아이의 우정은 엄마인 내가 채워 줄 수 없는 정서적 만족감과 재미를 줍니다. 그렇기에 친구와 함께 보내는 시간을 존중해주어야 합니다. 우리는 단지, 일상생활 속에서 아이들의 친구에 관해 관심을 가지며 지켜보는 것이 중요합니다. 꼬치꼬치 캐묻고 다그치기보다 아이의 친구가 누가 있는지, 친구와 어떻게 시간을 보내는지 지켜봐 주세요.

사춘기 아이가 친구 관계에 민감해지고 걱정하는 것은 지극히도 자연스러운 반응입니다. 친구들에게 잘 보이고 싶은 마음 또한 지극히 자연스러운 반응입니다. 아이가 친구 관계의 어려움을 호소할 때, 속상한 마음을 이야기할 때, 잘 들어주어야 합니다. 만약 엄마가 "너무 예민하게 생각하지 마. 너무 걱정하는 거 아니니?"라고 반응한다면, 아이는 자신의 고민에 혼란스러울 수 있으며, 차츰, 엄마에게 고민을 숨기게 될 것입니다. 그보다는 "○○가 친구랑 잘 지내고 싶구나. 친구에 대한 고민이 많아 힘든가 보다."라고 이야기한다면 아이는 자신의 힘든 감정에 대해 위로받는다고 느낄 것입니다. 그렇다면 아이가 좀 더 마음을 열고 엄마에게 자신이 현재 경험하고 있는 고민을 좀 더 나눌 수 있겠죠.

친구를 사귀는 데 있어 조급해하는 아이들이 관계에 대해 여유롭게 바라볼 수 있도록 도와주세요. 그림책 속에 나온 아이처럼 느긋하게 기다리며 친구와 발맞춰갈 수 있도록 안내해주세요. 엄마와 친한 친구인 참새이모와 관계를 맺게 된 과정에 대해 이야기를 함께 나눠보는 건 어떨까요? 엄마의 친구 관계 또한 순탄하지 않았을 것입니다. 때로는 시베리아 벌판처럼 추웠던 관계도, 겨울철 난로처럼 따스했던 관계도 있을 것입니다. 관계 맺음이 한 순간에 일어나는 단순한 일이 아님을 알려주세요. 친구 관계가 즐거움만 주는 것이 아님을 알도록 해 주세요. 나와 잘 맞는 친구를 찾고, 서로 이해하는 과정은 우리네 삶에 계속적으로 돌아오는 계절과도 같음을 이야기 나눠보세요.

주인공 대벌레가 사랑에 폭 빠졌답니다. 날마다 사랑하는 그녀를 찾아가 사랑 고백을 합니다. 사랑하는 이와 함께 할 아름다운 미래를 떠올리며 얼마나 행복해하는지요. 그런데 아무리 고백해도 그녀는 꼼짝도 하지 않네요. 용기 내어 손을 내밀었는데 그만, 깜짝 놀라고 맙니다. 사랑에 빠진 대벌레에게 대체 무슨 일이 일어난 걸까요?

내 사랑을 받아 줘
크리스 네일러-발레스터로스 지음 | 권미자 옮김 |
키즈엠

제7화

사춘기 아이들의 사랑, 깊어지는 이성 관계

사랑을 꿈꾸는 사춘기 아이들

"오, 내 사랑 대벌레!
이제껏 너처럼 아름다운 대벌레는 본 적이 없어.
그러니까 내 사랑을 받아…. 으악! 깜짝이야!"

 대벌레를 본 적이 있으세요? 우리에게 이름조차 생소한 대벌레는 나뭇가지와 구분이 힘들 만큼 비슷하게 생겼답니다. 낯설지만 또 그러기엔 어딘가 친숙한 모습의 대벌레는 『내 사랑을 받아 줘』의 주인공입니다. 표지를 넘기면, 한 마리의 나비와 무언가를 열심히 찾고 있는 듯한 대벌레가 등장합니다. 춤을 추듯 설렘 가득한 대벌레는 무엇을 그렇게 찾고 있을까요?

　바로, 사랑입니다. 대벌레가 사랑이라고요? 피식 웃음이 날지도 모릅니다. 그런데 대벌레는 정말 진지합니다. 이 세상 하나뿐인 나만의 너를 찾아 이곳저곳 정처 없이 헤매고 있습니다. 그리고 마침내 그 사랑을 찾았답니다. 대벌레에게 첫사랑이 시작되는 걸까요? 첫사랑의 설렘과 달콤한 두근거림은 이루 말할 수가 없지요. 대벌레는 첫사랑과 함께할 미래를 생각하며 행복감에 흠뻑 젖습니다.

　대벌레만 그럴까요? 사춘기 아이들도 영화나 드라마 속의 주인공처럼 단 하나뿐인 특별한 사랑을 꿈꿉니다. 자연스럽게 이성에 관한 관심이 커집니다. 그러면서 사춘기 아이들에게 봄의 꽃 같은 첫사랑이 찾아오기도 합니다. 봄이 되면 꽃봉오리가 피고 마침내 찬란하게 만개하는 꽃처럼, 사춘기 아이들의 마음에도 사랑이라는 꽃이 싹트며 흐드러지게 피어나기 시작합니다. 사춘기 아이들의 마음에 살랑살랑 봄바람이 불어오고, 이성에 관한 관심이 증가하는 이유는 무엇일까요?

　신체적으로는 보통 13세 즈음하여 몸에서 보내는 신호, 즉 2차 성징이 나타나기 때문입니다. 여자는 여자답게, 남자는 남자답게 만들어주는 호르몬 분비와 함께 2차 성징이 나타남에 따라 급격한 신체적, 심리적 변화를 겪습니다. 사춘기에 나타나는 급격한 성적 기능의 성숙은 사춘기 아이들이 이성에 대한 호기심을 갖게 하고, 이성을 동경하고 사모하도록 만듭니다. 신체적 변화로 이성과 성에 대한 호기심도 정점을 찍는데, 연애에 대한 궁금증이 생기고 성 충동을 느끼기도 합니다. 그러니 이 시기의 이성에 관한 관심은 지극히 자연스러운 일이고 정상적이지요.

심리적으로는 정체성 형성과 관련이 있습니다. 대부분 청소년은 내가 누구인지를 알기 위해서 지속적인 노력을 기울입니다. 하지만 아직 확실하고 고유한 나만의 정체성을 형성하기는 역부족입니다. 엄마, 아빠로부터 독립, 우정을 기반으로 한 친구 관계의 확장, 그리고 처음 경험해보는 새로운 친밀감 형성을 통해 '나'라는 사람에 대해서 알아갑니다. 이성 관계 역시 내가 누구인지 찾아가는 실험의 한 부분일 수 있습니다. 이렇게 신체, 심리적으로 성숙해가는 사춘기 아이들은 이성에 관한 관심과 함께 현실에서든, 상상 속에서든 사랑을 꿈꾸기 시작합니다.

사춘기, 이성 관계의 발달 과정

미국의 발달심리학자 엘리자베스 헐록(Elizabeth B.Hurlock)은 사춘기 아이들의 이성 관계의 과정을 크게 세 단계로 나누어 설명합니다. 첫 번째는 '송아지 사랑(Calf Love)' 단계로 사춘기 초반에 연예인, 운동선수, 선생님 등 연상의 이성에 대한 존경과 숭배와 같은 사랑의 감정이 나타나는 단계입니다. 두 번째 단계는 '강아지 사랑(Puppy Love)'으로 불립니다. 이 시기에 아이들은 비슷한 나이대의 이성에게 처음으로 관심을 가지기 시작합니다. 마치 강아지들이 같이 모여 장난을 치는 모습처럼 관심 있는 몇몇 이성끼리 무리를 지어 가볍게 어울립니다. 세 번째 단계는 연애기로도 불리는 '낭만적 애착(Romantic Attachment)' 단계로, 두 이성이 일대일 관계 속으로 들어갑니다. 데이트를 하며 본격적으로 서로에 대해서 알아가는 시기입니다.

사춘기 아이들의 사랑은 한 번에 일대일의 깊은 관계로 진지하고 로맨틱하게 시작되는 것이 아닙니다. 무리 지어 다같이 놀던 친구 관계에서 나랑 맞는 친구를 깊게 사귀는 과정을 거치며 성장하듯, 이성 관계에서도 이렇게 한 단계, 한 단계 배우며 성장합니다. 사춘기의 이성 관계도 다양한 인간관계를 맺는 방식 중 하나이기 때문입니다. 사춘기 때 경험하는 이성 관계는 아이들이 이전에는 잘 경험해보지 못한 특별한 방식의 사회적 관계입니다. 부모와 친구 외의 새로운 친밀감을 형성할 기회입니다.

아이들은 누구보다 가까운 이성 관계 속에서, 아직은 완전하지 않은 자신의 잠정적 정체성을 표현해보고 공감 받을 수 있습니다. 특히 이성 친구와의 긍정적 관계는 자신감을 느끼게 해 주고 나만의 고유한 가치를 알아가도록 돕습니다. 또한, 이성 친구와의 사귐을 통해 사회적 기능이 향상됩니다. 다른 사람과 어울리고 조율해 보는 방법, 부모나 단짝 외의 친밀한 관계를 맺어 가는 방법, 호감과 애정을 표현하는 방법, 친밀한 의사소통 방법 등을 배워가지요.

'연애기'에 들어서는 사춘기 이성 관계는 고도의 사회적 기술이 필요합니다. 실제로 우리가 보편적으로 생각하는 사귐이 있는 이성 관계는 대부분 부모나 친구와의 애착 형성 후에 나타납니다. 그러다 보니 중학생은 아직은 단기성의 성격을 띠는 '강아지 사랑'이 많지만, 소통의 기술이 더 발달한 고등학생은 좀 더 깊고 성숙한 '연애기'의 이성 관계가 가능해집니다. 이성 관계에서 아이들은 부모와 또래 관계에서 느낄 수 없었던 다양한 감정을 배워갑니다. 많은 연구에서 이성 관계로 인한 로맨틱한 경험은 아이들에게 또래 관계 못지않은 엄청난 만족감을 준다고 밝혀졌습니다.

사춘기… 내 사람은 특별해요

『내 사랑을 받아 줘』에서 대벌레는 사랑하는 그녀를 찾은 뒤 초콜릿보다 더 달콤하게, 타오르는 불길보다 더 열정적으로 사랑을 고백합니다. 대벌레는 마치 로맨스 영화의 주인공이 된 것처럼, 세상에서 단 하나뿐인 아주아주 특별한 사랑 고백을 합니다.

"오, 내 사랑 대벌레!
이제껏 너처럼 아름다운 대벌레는 본 적이 없어."

대벌레와 같이 사춘기 아이들에게도 그들의 사랑은 참 특별합니다. 마치 시공간이 멈춰버린 듯이, 이 세상에 너와 나만 있는 것처럼, 온 우주의 감성과 감각을 다 동원하여 나만의 그대를 사랑합니다. 사춘기 아이들도 대벌레처럼 잘 알지 못하는 대상에게 첫눈에 홀딱 빠지는 일이 많습니다. 그러다 보니 그 사람 자체보다는 사랑하는 내 모습과 사랑에 빠지기도 하지요. 왜냐하면, 아주 특별하고 또 유일한 '내'가 하는 사랑이니까요. 도대체 사춘기의 무엇이 아이들에게 이렇게 오글거리는 착각을 불러일으키게 하는 걸까요?

바로, 청소년의 '자기중심성' 때문입니다. 자기중심성은 앞서 언급했듯이, 온 세상이 자기를 중심으로 돌아간다는 착각을 하는 청소년의 인지적 오류입니다. 자기중심성은 앞서 만나본 『줄무늬가 생겼어요』의 카밀라처럼, 상상 속의 청중을 몰고 다니게 합니다. 그뿐만 아니라 여기 등장한 대벌레처럼 오직 내 사랑만이 유일하고 특별하다고 믿게 하지요.

사춘기 자기중심성의 한 축인 '상상 속 청중'에 이어 두 번째인 '개인적 우화(Personal Fable)'는 '자신은 유일하고 특별하다'라고 믿는 깜찍한 인지적 오류입니다. 사춘기 아이들은 자신의 경험과 감정이 다른 사람과 근본적으로 다르며 독특하다고 생각합니다. 따라서 아무도 자신을 이해하지 못할 거라고 이야기하죠. 이 경험과 감정은 자신에게만 통한다고 생각하기에 '개인적', 외부에서 보기에 현실성이 모자른다는 의미에서 '우화'라고 칭해집니다.

다른 사람은 이해할 수 없는, 자신만이 가진 특별한 세계 속에서 아이들은 〈어른들은 몰라요〉라는 노래를 부르며 센티함을 즐깁니다. 그뿐만 아니라 사춘기 때 보이는 광란의 오토바이 타기나 밤늦게 돌아다니기와 같은 위험천만한 행동도 개인적 우화로 설명할 수 있습니다. 자신은 특별하므로 남들에게 다 생길 수 있는 위험한 일들이 자신은 피해 갈 거라고 믿게 되죠.

하물며 내가 하는 사랑은 얼마나 유일무이하고 특별할까요? 물론 사랑이라는 감정이 특별함을 불러일으키기도 하죠. 하지만 좀 과합니다. 우리가 보기엔 아이들의 사랑이 다 거기서 거기 같고 보통의 연애와도 같은데, 아이들에게는 드라마보다 더 드라마 같고, 영화보다 더 영화 같은 그런 하나뿐인 사랑입니다. 나의 사랑은 세상 그 누구도 끊을 수 없는 영원한 사랑이요. 나의 이별은 세상 그 어떤 이별보다 아리고 가슴 아픈 이별이니 눈물이 절로 나오지요. 그러니 다른 이의 말이 들릴 리 만무합니다. 혹여나 주변에서 사랑을 인정해주지 않으면 그야말로 드라마속 비련의 주인공이 되어 더 열렬하고도 특별한 사랑을 시작합니다.

사춘기 사랑의 부작용은요? 엄마 아빠는 걱정됩니다

막상 내 아이에게 첫 남자 친구(여자 친구)가 생겼다고 하면 엄마는 묘한 기분이 듭니다. 아이들이 어릴 때 사귀는 것은 엄마들도 잘 알고 지내는 사이로 함께 만나 소꿉놀이하는 식이었죠. 이젠 그런 사귐이 아닌 걸 알기에 만감이 교차합니다. 언제 이렇게 컸는지 대견하지만, 벌써 사귀어도 되나 싶은 다양한 염려가 꼬리에 꼬리를 물고 이어집니다. 내 아이의 이성 관계를 이제는 마냥 귀엽게만 볼 수 없습니다. 사춘기 자녀의 이성 관계 앞에서는 엄마도, 아이도 괜스레 불편하고, 어색하고, 또 진지해집니다.

대부분의 엄마는 아이의 이성 관계를 두 팔 벌려 환영하기보다는 염려가 앞설 것입니다. 사춘기의 이성 관계는 부작용도 있기 마련이니까요. 예전보다 신체 심리적 발달이 빨라진 요즘, 아이들의 이성 교제도 더 빨라지고 있습니다. 게다가 청소년은 호르몬의 영향으로 그 어떤 시기보다 충동적인 모습이 강합니다. 사춘기 아이는 이성 관계가 주는 강렬한 신체 정서적 반응을 스스로 조절해 내기가 힘듭니다. 그러니 사랑이 주는 달콤함에만 빠져 학업이 방해받진 않을까? 가족 간에 갈등이 생기진 않을까? 다른 친한 친구들과 멀어지진 않을까? 걱정이 생기기도 합니다. 그러다가 혹 이별을 경험하면 아이는 상당한 정신적인 고통을 호소하며 그야말로 급변하는 사춘기의 절정을 맞이할 수도 있습니다. 하지만 뭐니뭐니 해도 가장 염려되는 것은 성 문제가 아닐까 싶습니다.

온종일 핸드폰과 붙어사는 우리 아이에게는 유혹이 참 많습니다. 여자 친구, 남자 친구가 갖고 싶은데 현실은 녹록지 않으니 핸드폰에 있는 애플리케이션이나 SNS를 통해서 누군지도 모르는 이성과의 교제를 너무나도 쉽게 시작하는 것이 지금의 현실입니다. 사이버상의 관계를 벗어나 실제 만남을 통해 위험한 관계를 맺는 아이들도 더러 있습니다.

잘 알고 있는 친구와 이성 교제가 시작되었다고 해도 걱정이 됩니다. 사랑하면 손잡고 싶고, 손잡으면 안고 싶고, 안으면 뽀뽀하고 싶고, 그다음 단계로 가고 싶은 것이 인간의 자연스러운 본능입니다. 심지어 그림책 주인공인 대벌레도 사귀기도 전에 "손을 잡아달라고" 하거나 "서로 꼭 껴안고 밤새도록 영화도 보자"라고 고백할 정도니까요. 그러니 어떤 엄마는 이성 관계하면 바로 '스킨십, 성 문제'가 떠올라서 아이가 성인이 될 때까지는 절대적이고 강력하게 이성 관계를 금지하려고 합니다.

하지만…. 사춘기 아이들이 가지는 이성에 관한 관심은 지극히도 자연스러운 일입니다. 몇 날 며칠, 잠을 못 자면 자연스럽게 잠이 쏟아져 곯아떨어지게 됩니다. 그래서 자려고 하는데 누군가가 계속 자지 못하도록 한다면 어떻게 될까요? 처음에는 이해가 안 되고 화가 나지만, 꾹 참고 며칠 동안 못 잤다고 설명해봅니다. 그래도 계속 막무가내로 막기만 한다면 그 사람이 없는 곳으로 가서라도 자려고 할 것입니다. 자연스러운 것은 강압적으로 막을 수가 없습니다. 엄마인 내가 이성 친구를 못 사귀게 한다면 엄마가 보지 않는 곳에서 몰래 이성 친구를 만나려 할 것입니다.

'감시한다'가 아닌 '너를 믿는다'라는 시선으로 바라봐주세요

그림책으로 돌아가 보면, 사실 대벌레가 사랑해 마지않던 그녀는 대나무였습니다. 사랑에 심취해 있는 대벌레는 옆에 있던 나비가 "걘 대나무야"라고 아무리 얘기해도 듣지 못합니다. 첫사랑에 홀딱 빠져 앞에 있는 대상이 대벌레인지 대나무인지도 구분하지 못했던 대벌레는 얼마나 깜짝 놀랐을까요? 보는 이로 하여금 웃음을 자아내지만, 대벌레는 부끄러워 쥐구멍이라도 숨고 싶었을 거예요. 내가 이토록 열렬히 사랑한다고 고백했던 대상이 대나무였다니요. 대벌레가 성인이 된 후, 이때를 생각하면 이불 킥을 하며 손발이 오그라들 게 눈에 그려집니다. 하지만 지금의 이 경험을 통해 마음에 드는 대상이 나타나면 좀 지켜봐야겠다는 것을 배웠을 것입니다. 몇 번이고 이야기했던 나비의 말을 놓쳐서 후회하는 대벌레처럼, 주변에서 하는 말에도 귀를 기울여 봐야겠다고 다짐할 것입니다. 적어도 이젠 대나무를 대벌레로 착각하는 일은 하지 않겠죠?

갑자기 성장해 버린 몸과 달리 머리와 마음은 아직 한창 자라는 중인 우리 아이들 역시 아직 보지 못하는 것도, 모르는 것도 참 많습니다. 주변을 보지 못하기에 자신의 감정과 생각에만 빠져있기도 합니다. 책임감 있는 성인이 아니기에 아직 자신의 감정과 욕구를 제어하며 관계 맺는 것이 어렵습니다. 사랑이라는 강렬한 감정의 파도가 밀려올 때, 아이들은 대벌레와 같이 현실 판단이 잘 안 될 수 있습니다. 내가 지금 맺고 있는 이 관계가 건강한 것인지 아닌지 구분하기도 힘들 수 있습니다.

그렇기에 우리 아이들에게도 나비와 같이 곁에 있으면서 그 사정을 잘 알고, 현실적인 조언을 해 주는 믿을 만한 대상이 필요합니다. 하지만 자녀의 이성 관계 문제는 엄마인 나조차도 참 불편할 수 있습니다. 어려운 문제라 생각해서 지레 먼저 겁을 먹고 알려고 하지 않은 채, 덮어두고 싶을지도 모릅니다. 하지만 자녀의 이성 관계야말로 엄마가 가장 잘 알고 있어야 하는 영역입니다.

사춘기 아이의 이성에 대한 호기심, 더 나아가 이성 간의 교제를 막을 수 없습니다. 엄마가 염려된다고 해서 무조건 막는다거나, 불편한 주제라고 해서 피해서만은 안 될 일입니다. 안전한 경계 설정 안에서 이성 교제가 이루어질 수 있도록, 아이들의 이성 교제에 대해 마주하고 직면하는 용기가 필요합니다.

무엇보다 중요한 것은 너무 장난스럽지 않은, 그렇다고 숨 막히게 진지하지도 않게, 일상의 대화를 나누듯 자연스러운 분위기 속에서 진솔하게 대화를 시도하는 것입니다.

"너 어디서 뭐 했어? 문자만 보내 놓고! 남자 친구(여자 친구)는 만났어? 어디 갔다 왔으면 바로바로 말을 해야지"라고 대화를 시작하며 꼬치꼬치 캐묻고 잔소리하는 '감시'의 대화는 피해 주세요. 대신 "아까 문자로 남자 친구(여자 친구) 만난다고 했었지? 표정을 보니 즐겁게 논 거 같아서 엄마도 좋다"라고 이야기하며 아이와 긍정적인 관점에서 대화할 수 있도록 해 주세요. 엄마가 자신의 사랑과 연애를 믿어준다는 것을 느끼며 아이는 엄마와 더 솔직하게 이야기하고 싶어질 것입니다.

아이를 믿어주는 대화와 함께 자녀에게 필요한 도움을 주어야 합니다. 엄마는 청소년의 이성 관계에서 가능한 것과 불가능한 것의 경계가 분명히 존재한다는 것을 알려주어야 합니다. 이토록 친밀하고 비밀스러운 관계를 아이가 이전에는 경험해보지 못했기에 적절한 경계 설정을 할 수 있도록 도와야 합니다. 예를 들어서, 아무리 함께 있고 싶어도, 아직은 충동을 제어할 수 있는 능력이 없으므로 둘만의 개인적인 공간은 피해야 함을 알려줍니다. 또한, 아무리 좋아해도 스킨십은 상호 간의 허락이 있어야 한다는 걸 가르쳐야 합니다. 학교에서 배우는 피임법과 관련된 성교육을 함께 이야기 나누며 아이가 정확하게 인지하고 있는지 확인해야 합니다.

자녀의 이성 관계에 대해서 너무 침범적이지도, 그렇다고 너무 방관하지도 않는 적절한 거리에서 건강한 이성 관계를 배울 수 있게 해 주세요. 혹 내 아이가 이성 관계의 어려움에 봉착했다면 엄마도 아빠를 만나며 싸우고 화해했던 보석과도 같은 경험을 나누어 주셔도 좋습니다. 만약, 이별과 같은 큰 상처를 마주했다면 누구보다 엄마가 먼저 위로하고 지지해주세요. 나에게도 첫사랑이 있었고, 처음 맺었던 이성 관계가 있었고, 그 속에서 배우고 성장했음을 기억해주세요. 이성 교제, 성과 관련된 엄마와 자녀의 진솔한 대화는 아이가 추후 이성 관계의 부정적 상호작용으로 겪게 될 정서적 스트레스를 대비하고 완화할 수 있도록 도울 것입니다.

누구보다도 든든한 엄마의 응원과 지지, 귀중한 조언을 받는 아이는 건강한 이성 관계 속에서 반짝이는 보석 같은 자신을 발견하며 성장해 나갈 것입니다.

Q.

[그동안 혼자 힘들었을 텐데,
어떻게 버텨왔나요?]

강렬하고도 몽환적인 수채 그림으로 우리의 눈길을 사로잡는 『떠나고 싶은 날에는』은 삶에서 다양한 감정을 만나는 여자아이가 등장합니다. 때로는 화났다가, 시무룩했다가, 행복했다가, 설렜다 하는 감정의 홍수 속에서 아이는 혼란스럽기도 합니다. 부정적인 감정들을 마주할 때, 아이는 어떻게 헤쳐나갈까요? 우리는 사춘기 아이들의 다양한 감정 이야기를 그림책을 통해 만날 수 있습니다. 또한, 삶에서 당연하게 만나게 되는 부정적인 감정들을 어떻게 마주하고, 해소해나갈 수 있을지 배울 수 있습니다.

떠나고 싶은 날에는

레이첼 우드워스 글 | 생 미아오 그림 | 박소연 옮김 | 달리

제8화

휘몰아치는 파도 같이
흔들리는 마음

사춘기, 오락가락한 마음

　부스스한 빨간 머리의 여자아이가 화가 잔뜩 난 표정으로 양치를 하고 있습니다. 한껏 올라간 갈매기 눈썹, 거칠게 일어난 치약 거품을 가만히 바라보니, 씩씩거리는 소리, 벅벅거리는 소리가 귀에 들려오는 듯합니다. 어떤 날은 속상합니다. 동생과 함께 행복한 시간을 보내고 있는 부모님의 그림자가 드리워지는 방안에서 나만 혼자 소외된 것 같아 눈물을 흘리는 날도 있습니다. 벽에는 동생 사진이 한가득, 바닥에는 동생의 젖병이 뒹굴고 있네요. 아이가 안고 있는 축 늘어진 인형이 우울한 아이의 마음을 함께 표현해주고 있는 듯합니다. 항상 울적한 것만은 아닙니다. 어떤 날은 기분이 매우 좋습니다. 좋아하는 그림을 실컷 그리며 위로를 해주는 강아지와 함께 포근한 이불속에 누워 행복을 만끽하는 그런 날도 있습니다.

> "화났다가, 시무룩했다가, 행복했다가, 설레었다가, 하루에도 몇 번씩 마음이 바뀌는 날도 있어요."

우리가 만나본 그림책 속의 여자아이처럼, 사춘기 아이들은 다양한 감정을 경험합니다. 어린 시절에는 영화 『인사이드 아웃』에 나오는 기쁨, 슬픔, 소심, 화남, 까칠함처럼 감정이 비교적 단순하게 나타납니다. 하지만 사춘기가 되면서 외로움, 그리움, 지루함, 답답함, 억울함 등 더 복잡하고 다양한 감정을 경험하게 됩니다. 심리학에서는 사춘기의 정서적 특징을 '감정 폭발의 시기'로 표현합니다.

또한 사춘기 시기에는 감정이 하루에도 수십 번씩 돌변합니다. 시도 때도 없이 갈팡질팡 변하는 감정을 종잡을 수 없어 혼란스럽기 그지없습니다. 변덕스럽고 요동치는 마음은 사춘기 아이들의 중요한 정서적 특징 중 하나입니다.

아이가 일상 속에서 느낄법한 감정의 이야기 속으로 함께 들어가 볼까요? 빨리 일어나라는 엄마의 폭풍 잔소리에 짜증 나는 하루를 시작합니다. 피곤이 덜 풀린 몸을 이끌고 학교에 오니, 그래도 나를 반겨주는 친구와의 수다 속에 입꼬리가 하늘 높이 솟아오릅니다. 시답지 않은 농담을 주고받으며 깔깔거리며 웃습니다. 하지만 수업이 시작되자, 알 수 없는 용어들에 움츠러들어 속상합니다. 10분도 안 되는 잠깐의 시간 동안, 기분이 너무 좋았다가 급격히 가라앉는 경험을 합니다. 쉬는 시간, 불쑥 일어난 짜증이 친구와의 괜한 다툼으로 이어집니다. 분명 한 시간 전만 해도 나를 이해해주는 친구로 행복했었는데, 단숨에 누구 하나 내 마음을 이해해주지 않아 외롭다며 울적입니다.

화가 났다, 외로웠다, 속상했다, 기뻤다, 행복했다, 설렜다… 어릴 때와는 달리 너무나도 자주 변하는 감정을 직면하며 아이는 혼란스러워집니다. 어떤 감정인지 알지 못해 답답하기도 하고, 시도 때도 없이 변하는 마음을 나조차도 붙잡을 수 없어 야속하기만 합니다. 사춘기의 많은 아이가 시도 때도 없이 변하는 마음이 너무 혼란스럽다 호소합니다.

"선생님 도대체 뭐가 뭔지 모르겠어요. 마음이 이랬다저랬다 왔다 갔다 해요. 지난주에 밤새 엄마를 졸라서 친구랑 놀이공원을 놀러 가기로 했거든요. 너무너무 신이 났어요. 그런데 막상 가니 세상만사 다 귀찮고 그냥 집에 오고 싶은 거예요. 내가 왜 이런지

슬프면서도 화가 났어요. 제가 도대체 왜 이럴까요?"

사춘기, 아이들의 마음, 왜 이렇게 오락가락할까요?

아이들의 갈팡질팡 종잡을 수 없는 마음을 이해하기 위해서는 사춘기 뇌의 발달 특징을 알아야 합니다. 이 속에 사춘기 아이들의 심리 정서적 비밀이 숨겨져 있기 때문입니다.

인간의 뇌는 크게 세 개의 층으로 이루어져 있습니다. 1층은 뇌의 가장 아랫부분에 있는 후뇌로, 호흡, 심장박동 등 우리의 생명을 유지하는데 필요한 기본적인 기능을 담당하고 있습니다. 따라서 '파충류 뇌'라고도 불립니다. 2층은 후뇌 바로 위에 있는 중간뇌로 우리의 감정, 욕구, 기억을 주관합니다. 중간뇌에 속하는 변연계는 특히 감정을 다룰 때 가장 활발하게 기능하기 때문에 감정의 뇌라고도 불립니다. 포유류들도 감정을 경험할 수 있으므로 중간뇌는 '포유류 뇌'라고도 불립니다. 그중 변연계는 사춘기 때 거의 완성이 되는데, 변연계의 발달로 인해 사춘기 아이들은 다양한 감정을 느낄 수 있으며, 감정 자극에 극도로 민감해지게 되는 것입니다. 마지막으로 3층은 전뇌로 고도의 이성적인 정신 기능, 창조 기능 등을 담당합니다. 따라서 '이성의 뇌'라고도 불립니다. 인간만이 이성적인 판단과 창조 기능이 가능하기에 '인간 뇌'라고 불리기도 하죠. 그런데 고차원적인 기능을 담당하는 전뇌 중, 전두엽은 감정을 조절하고 일의 우선순위를 정하고 판단하고 예측하는 일을 담당합니다. 하지만 사춘기 시기에는 전두엽이 아직 미완성된 상태입니다.

그러다 보니 사춘기 시기에는 감정적인 뇌(변연계)가 활발하게 기능하여 폭발하듯 다양한 감정이 일어나지만, 아직은 감정을 적절히 조절하기가 어려운 것입니다. 쉽게 말해, 아직 발달이 덜 된 전두엽은 폭발하듯 일어나는 감정적인 충동을 억제할 수 없습니다. 그러니 사춘기 아이들은 감정의 롤러코스터를 경험하게 됩니다.

『떠나고 싶은 날에는』의 주인공 여자아이도 보이진 않지만 이렇게 급격한 뇌 발달의 영향으로 이전보다 감정이 더 예민해지고, 세세한 감정 변화를 느낄 수 있게 된 것 같습니다. 우리 아이들 역시 마찬가지입니다. 이전에는 그냥 웃으며 넘겼던, 그런가 보다 하고 단순하게 생각하고 지나쳤던 다양한 상황 속에 감정이 걸려 머물게 됩니다. 지나치지 못하고 덫에 걸린 감정은 퍼즐처럼 잘게 쪼개지기도 했다가, 눈덩이처럼 불어나기도 해 사춘기 아이의 마음을 어지럽힙니다.

사춘기, 부정적인 감정의 홍수

사춘기 아이들의 또 다른 정서적 특징 중 하나는 부정적인 감정을 많이 경험한다는 것입니다. 확장된 삶의 영역 속에서 학업, 성적, 또래 관계, 가족관계, 정체성, 미래 등…. 고민이 많습니다. 스스로 답을 찾고, 해결하고자 고군분투하지만, 아직은 서툴고 어려워 부정적인 스트레스를 많이 경험하게 됩니다. 많은 고민과 스트레스는 아이들에게 불안정한 정서를 더 많이 느끼게 하고, 부정적인 감정의 농도 속에 푹 빠지게 합니다.

『떠나고 싶은 날에는』 그림책 속에도 여자아이가 마주한 힘들고 어려운 상황이 그려집니다. 어릴 때는 엄마와 아빠가 싸우는 모습을 보면, 눈을 흘기며 다가가 "엄마, 아빠, 싸우면 떼찌! 이렇게 웃어봐!"라고 말하며 애교스럽게 다가갑니다. 사람의 표정 속에 담긴 미묘한 감정을 알아차리기에는 아직 어리기에 엄마, 아빠의 미묘한 신경전을 알지 못하고 넘어갈 때도 많습니다. 하지만 이제는 다 보입니다. 엄마, 아빠의 관계가…. 그리고 내가 어찌하지 못하는 그 관계 속에서 무력감을 경험하기도 합니다. 이처럼 눈에 그려지는 상황뿐 아니라 그 상황 뒤에 숨겨진 많은 의미를 알게 된 사춘기 아이들은 사소한 일상 가운데서도 수많은 부정적 감정을 경험하게 됩니다.

한편, 사춘기 아이들이 부정적인 감정을 많이 경험하게 되는 이유는 호르몬 변화, 신경전달물질과도 관련이 있습니다. 사춘기 아이들은 급격한 호르몬 변화를 경험합니다. 2차 성징을 유도하는 성호르몬인 에스트로젠(여성)과 테스토스테론(남성)은 신경계에도 작용하여 심리 정서적 변화에 영향을 줍니다. 그리고 성호르몬의 증가로 인해 편도체가 과잉 자극을 받게 됩니다. (편도체는 변연계의 중심부에 위치하여 감정을 조절하고, 공포 및 불안에 대한 학습 및 기억에 중요한 역할을 담당함.) 따라서 이전과는 다르게 감정이 세밀하게 분화되며 우울, 불안, 분노, 무기력 등의 다양한 부정적 감정을 유발하게 됩니다. 또한, 즐거움과 기쁨을 느끼게 하는 행복 호르몬, 세로토닌은 아동기나 성인기 때보다 훨씬 적게 생성됩니다. 따라서 감정 기복이 매우 심해지고 우울함이나 짜증, 적대감 등의 부정적인 감정이 증가하게 되는 것입니다.

사춘기, 부정적인 감정의 홍수를 헤쳐 나가다

사춘기 아이들은 무지개 색깔처럼 다양한 경험 속에서, 폭넓은 감정의 선과 마주하게 됩니다. 폭넓은 감정을 만나고 처리해가면서 자신만의 마음의 집에, 자신만의 빛깔을 담은 어른으로 성장합니다. 하지만 부정적인 감정을 다루기는 참 쉽지 않습니다. 많은 아이가 부정적인 감정에 빠지면 늪에 빠진 것처럼 발하나 빼기도 힘들 만큼 허우적댑니다. 아이들이 자신의 감정을 잘 알아차리고 이를 엄마나 친구들과 적절히 공유하고 표현할 수 있다면 어려움이 그나마 덜할 텐데 아직 이 일은 어렵게만 느껴집니다.

　많은 사춘기 아이는 부정적인 감정을 감당할 수 없어 두려움에 떨기도 하고, 때로는 불안에 완전히 매몰되어 잠식되기도 합니다. 혹은 감정 조절에 실패하여 상황과 장소에 맞지 않게 걷잡을 수 없이 화를 내거나 눈물을 펑펑 쏟아내기도 합니다. 어떤 아이는 방문을 걸어 잠근 채 누구와도 이야기할 수 없다고 생각하며 혼자만의 동굴로 들어갑니다. 부정적인 감정을 회피한 채 마음의 문을 닫고, 감정을 경험하는 것 자체를 거부하며 로봇처럼 살아가기도 하지요.

　그림책 속의 주인공은 화나고 속상한 마음을 친구 삼아, 자신만의 비밀 장소, 상상 속 정글 세계로 떠납니다. 아이는 자신의 감정을 마주하고 깊숙이 들여다보기로 결심합니다. 다행히도 아이가 도착한 비밀 장소는 어둡고 컴컴한 동굴이 아닌, 나무의 이야기를 들려주는 바람, 아름드리 든든한 나무들, 아이 옆에 있어 주는 귀여운 여우가 함께 하는…. 밝고 환한 정글 숲입니다. 울적한 아이의 마음을 보듬어 주듯, 우뚝 솟은 나무가 아이를 내려다보며 미소 짓습니다. 한껏 작아졌던 아이는 그 미소에 힘을 얻어 움츠렸던 몸을 일으켜 세웁니다. 이 모든 감정을 이겨내는 힘을 얻고, 커다란 아이로 자라납니다. 그렇게 아이는 화나고, 속상하고, 시끄러운 마음을 차분히 정리합니다. 자신에게 힘을 주는 많은 일을 떠올리며, 자신을 위로하고 진정시켜 갑니다.

"그렇게 생각을 차곡차곡 정리하고 나면
화나고, 속상하고, 시끄러운 기분은 별것도 아닌 게 돼요."

부정적인 이 감정 또한 지나가는 것임을 알게 된 아이는 멀리 멀리 떠나는 대신 나의 존재를 함께 해 주는 가족에게로 다시 돌아옵니다. 마음이 한껏 단단해진 아이는 때로는 엄마, 아빠가 다투기도 하고, 동생이 얄미워서 떠나고 싶었던 집이 내가 그토록 사랑하는 공간이라는 것을, 포근하고 따스한 곳이라는 것을 알게 된 것입니다.

사춘기 아이들은 다양한 방법으로 부정적인 감정을 이겨내려고 노력합니다. 그림책 여자아이처럼 부정적인 감정 속에서도 멋진 환상의 세계로 떠나 스스로 위로할 수 있도록 마음의 근육을 단련해가는 아이들. 다른 친구들과 이야기하면서 문득 자신이 미처 알지 못했던 새로운 감정을 깨달으며 마음을 정리해 가는 아이들. 내가 좋아하는 노래와 책 속에서 자신과 같은 감정의 결을 찾아가며 깊은 위로를 받는 아이들….

　성장하면서 다양한 감정의 이름을 알고 경험한 아이는 비로소 다른 사람과 자신이 느낀 감정에 대해 소통하며 해소해나갈 방법을 찾아가게 됩니다.

엄마, 아름드리나무처럼 든든한 미소를 보내주세요

　하루에도 수십 번씩 변하는 아이의 감정을 일일이 읽어주고 알아주는 것은 엄마로서 참 쉽지 않은 일입니다. 조금 전까지 시시덕거리며 웃고 있던 아이가 갑자기 울기 시작하면 변덕스러운 아이로 인해 엄마는 당황스럽습니다. 다 컸다고 생각했는데 어린아이처럼 울고 있는 아이를 보면 답답함과 짜증이 밀려옵니다. 그래서 달래주고 안아주기보다는 다그치고 이유를 묻게 됩니다.

　스스로 감당하기에는 너무나 벅찬 감정들이 아이를 힘들게 하지만, 엄마인 나는 아이의 감정을 알아채지 못하거나 알면서도 모르는 척할 때가 많습니다. 아이가 방문을 닫고 들어가기 전, 엄마인 내가 더는 아이의 혼란스럽고 부정적인 감정에 휘둘리고 싶지 않아 먼저 마음의 문을 닫았는지도 모릅니다.

　지금, 아이에게 필요한 엄마는 어떤 모습일까요? 그림책 속의 아이가 떠났던 나만의 비밀 장소, 상상 속 정글 세계에서 만났던 '우뚝 솟은 나무' 같은 모습이지 않을까요? 아이를 가만히 바라보며 미소를 보냈던 그 나무요. 그 미소 하나에 아이는 힘을 얻고, 용기를 얻어갑니다. 아이가 지금보다 한참 어렸던 그때, 넘어지고 다쳤을 때나 소꿉놀이를 하다 친구와 싸웠을 때 등 수없이 많은 일로 인해 아이는 눈물 짓던 날이 많았습니다. 그때마다 엄마는 자신을 스스로 위로할 수 없었던 아이를 위로해주며, 그 아이에게 따스한 미소를 보냈습니다. 함께 견뎌주고, 지쳐있을 때마다 힘내라고 미소를 보내주었던 엄마, 그 엄마가 아이들은 여전히 그립습니다.

아이의 널뛰는 감정에 장단을 맞추는 일이 쉽지 않지만, '사춘기에는 감정의 변화가 심하며, 감정조절이 어렵고, 정서적으로 예민하다'는 사실을 잊지 말아야 합니다. 사실 자신의 감정을 숨기지 않고, 실컷 울어본 아이가, 화를 내 본 아이가 더 건강한 아이일 수 있습니다. 우리의 마음은 풍선과 같아서 그 속에 해소하지 못한 감정을 꾹꾹 눌러 채우다 보면 어느새 내가 원하지 않는 순간에 터질 수 있기 때문이죠. 조금씩 바람을 빼주는 과정, 우는 힘, 화를 낼 수 있는 힘. 이 모든 것이 아이가 건강하게 자라날 수 있는 거름이 될 수 있습니다. 이 과정에서 아이들이 감정을 적절히 표현할 수 있도록 돕는 것이 엄마의 역할입니다.

시험에 대한 걱정, 새 학기 새 친구를 사귀는 두려움, 친구들이 나를 떠나가진 않을까 불안한 마음 등 부정적인 감정에 사로잡힌 아이에게는 무엇보다 자신의 마음을 표현할 수 있도록 돕는 엄마가 필요합니다. 따라서 아이의 말을 진지하게 들어주며, 어떤 감정이든 부드럽게 이해해주는 태도가 중요합니다. 걱정되는 마음이든, 불안한 마음이든, 어떤 감정이든 "그럴 수 있어"라는 자세로 타당화 해 주어야 합니다. 아이가 느끼는 감정 자체를 "너는 _____하게 느끼는구나"라고 반응하며 수용해주는 것이 중요합니다.

"마음이는 시험을 앞두고, 친한 친구보다 성적이 좋지 않을까봐 걱정되는구나."
"자수는 새로 사귄 친구가 네가 실수한 모습을 보고 험담하진 않을까 불안하구나. 그럴 수 있어. 누구나 자신이 실수하면 다른 사람이 우습게 보진 않을까 염려하기도 해."

나무같이 든든한 존재인 엄마의 따스한 미소와 수용을 통해 아이는 자신의 다채로운 감정들을, 갈대처럼 쉽사리 흔들리는 마음을 조금씩 받아들일 수 있게 될 것입니다. 계절과 날씨가 변하듯 감정 또한 시시때때로 변할 수 있음을 알고, 봄, 여름, 가을, 겨울이 주는 계절의 내음을 만끽하듯, 설렘, 황홀함, 쓸쓸함, 외로

지랄발광 사춘기 ◇◇◇◇ 흔들리는 사십춘기

움 등의 감정 색채 또한 만끽해나갈 수 있는 어른으로 성장할 수 있을 것입니다. 어둡고 음산하다고만 여긴 부정적인 감정도 우리네 삶에서 곁에 두고 음미할 수 있는 중요한 감정임을 받아들일 수 있게 될 것입니다.

어느 날, 한 소년에게 슬픔이가 찾아왔습니다. 소년은 슬픔이를 위한 집을 짓기 시작합니다. 이 안전한 집 안에서 슬픔이는 그 어떤 것도 해볼 수 있습니다. 그리고 아이는 원할 때 언제든 슬픔이를 찾아가서 함께 시간을 보낼 수 있지요. 슬픔이와 충분한 시간을 보낸 아이는 슬픔이와 함께 손을 잡고 아름다운 세상으로 나아갑니다.

슬픔이를 위해 지은 집
앤 부스 글 | 데이비드 리치필드 그림 | 나린글

제9화

슬픔이를 위한 집을 짓는 사춘기 아이

멜랑콜리 한 사춘기의 감정

"어느 날, 슬픔이 나를 찾아왔어요.
그리고 나는 집을 짓기 시작했어요.
나의 슬픔이를 위한 집이에요.
나는 집안으로 슬픔이를 맞이했어요."

사춘기가 되면 아이들은 어딘가 냉소적으로 되고, 어두워지며, 울적해 보이는, 흔히 말하는 멜랑콜리 한 기분에 취하기 시작합니다. '멜랑콜리(melancholy)하다' 라는 건 우울감, 구슬픔과 같은 느낌으로, '통상적으로 딱 이렇다 할 이유 없이 괜스레 기분이 울적하고 뭔가 애매한 기분이나 느낌이 들 때(네이버 국어사전)' 사용하는 표현입니다. 초등학교 때만 해도 해맑고 순수한 웃음으로 내 마음을 환하게 비춰주었던 아이가 사춘기가 되자, 웃음은커녕 쌀쌀맞은 분위기를 온몸으로 표출합니다. 아이와 함께했던 내 마음은 햇살을 머금은 것처럼 따스했는데, 이젠 쌀쌀하다 못해 북극의 설원처럼 점점 추워집니다. 어딘지 어두운 분위기가 나한테까지 마구 흘러들어오는 것 같은 느낌에, 분위기 전환을 해보려고 애쓰지만 역부족입니다. 입을 꾹 다물고 날 쳐다보는 이 아이. 괜히 어색해지기만 합니다.

중학교 2학년이 된 나무가 상담실에 왔습니다.

"선생님, 이유 없이 짜증이 나요. 뭔가 답답해요. 온종일 우울한 음악만 듣고 있어요. 그나마 음악에 취해 있다 보면 마음이 좀 진정이 되는 거 같아요. 그런데 이해가 안 되는 건, 제 주변은 변한 게 없고 이렇게까지 내가 짜증이 날 만한 이유가 없다는 거예요. 아무도 이런 기분을 이해 못 할 거예요. 제가 좀 미쳐버린 걸까요?"

눈은 초점을 잃은 채 공허해 보이며, 입과 어깨는 축 처져있습니다. 아이는 짜증이라고 표현했지만, 어쩐지 제 눈에는 슬퍼 보이기도 합니다.

그림책에서처럼 어느 날 사춘기 아이에게 슬픔이가 찾아옵니다. 슬픔이를 만난 아이들은 어딘가 멜랑콜리해집니다. 앞서 언급한 것처럼 아직 공사 중인 전전두엽은 미성숙합니다. 이성적 사고를 담당하는 전전두엽이 아닌 공포나 분노를 담당하는 원초적이자 본능적인 변연계에서 감정을 처리해버리니 감정은 더 예민해지고 부정적인 감정 반응은 더 증가하게 됩니다. 그러니 이전에는 경험해보지 못한 부정적인 감정의 소용돌이 속에서 아이들은 혼란스럽습니다. 아이들은 정체를 알 수 없는 감정에 '짜증'이라는 단 하나의 이름을 붙입니다. 그래서 말끝마다 "짜증나요"라고 하는 것이지요. 아이들이 짜증난다고 하는 감정은 어쩌면 슬픔이의 또 다른 이름일지도 모르겠습니다. 마음이 어둑어둑해지는 이상한 기분, 슬픔이가 마음의 문을 두드립니다.

이상과 다른 현실을 마주한 사춘기 아이들

사춘기 아이들은 자의식이 높아지면서 자신에 대한 현실적인 감각이 생겨납니다. 아동기 때 꿈이 무엇이냐고 물으면 아이들은 자신 있는 목소리로 세상 온갖 멋진 직업을 말합니다. 자주 가던 소아청소년과 의사 선생님의 가운이 멋있었던 아이는 망설임 없이 의사가 되고 싶다고 말합니다. 그땐 내가 되고 싶으면 당연히 될 수 있으리라 생각했던 시절이니까요. 그러던 아이가 중학생이 되었습니다. 2학년이 되자, 첫 중간고사를 봅니다. 당연히 상위권이라고 생각했는데 막상 점수와 등수를 보니 중위권밖에 되지 않습니다. 현실적인 내 성적을 내 눈으로 똑똑히 확인하고 나니, 이젠 어디 가서 의사가 되고 싶다고 말할 수가 없습니다. 기대했던 만큼 내가 잘나지 않나 봅니다. 기대했던 만큼 내가 똑똑하지 않나 봅니다. 나에 대한 실망과 좌절이 밀려옵니다.

 게다가 자아정체성이 형성되는 이 시기에는 어느 정도의 불안과 불확실성이 그림자처럼 아이들을 늘 따라다닙니다. 아직 내가 만들어지는 과정 중에 있으므로 아이들의 모든 경험은 내가 나를 확인해볼 수 있는 통로이지요. 이때 아이들은 긍정적인 경험만 하지 않습니다. 처음 맞이하는 경험 속에서 아이들은 실패와 좌절을 으레 겪게 됩니다. 되고 싶은 것도, 하고 싶은 것도 많았던 나였는데, 이젠 내가 할 수 있을까? 영 자신이 없습니다. 그러니 주변에서 들리는 지나가는 말 한마디에도 예민하게 반응할 수밖에 없습니다.

 이뿐일까요? 우리 엄마는 언제나 내게 최고였는데 친구의 엄마와 비교해 보니 점점 엄마의 약하고 모순적인 모습들이 보입니다. 그러니 엄마의 잔소리도 듣기 싫고 화가 납니다. 친구 관계는 어떨까요? 친구랑 놀며 기분이 좋다가도, 갑자기 서운해지고, 질투도 나고, 여러 복잡한 감정들이 물밀 듯 내 마음으로 스며듭니다.

나에 대해서도, 엄마에 대해서도, 친구에 대해서도, 모든 것에서 실망감을 경험합니다. 이렇게 사춘기 아이들은 나와 주변 상황이 사실은 내 기대에 미치지 못하고, 내가 바랐던 이상과 실제 내 삶은 거리가 멀다는 것을 직면하게 됩니다. 사춘기 아이들의 높아진 이상만큼 현실에 대한 부정적인 경향은 더 짙어집니다.

사춘기 아이들이 만나는 이 모든 경험이 얼마나 혼란스럽고 좌절스러울 지 상상이 가시나요? 사실은 내 생각보다 내가 별 볼 일 없을까 봐 불안합니다. 내가 꿈꿔왔던 모습과는 다른 현재의 내 모습에 좌절됩니다. 그러니 우울해질 수밖에 없습니다. 슬픔이를 맞이한 아이에게는 즐거운 감정보다는 어둡고 찹찹한 감정이 마음을 더 사로잡습니다. 뇌와 호르몬의 영향으로 사춘기의 절정에 이르는 중학교 후반에서 고등학교까지 아이들의 부정적 정서는 점점 더 강렬해집니다. 자신도 어찌할 수 없는 이 부정적인 마음으로 인해서 엄마에게 짜증 섞인 말이 튀어 나가고, 이유 없는 반항을 하고 싶어집니다.

이때, 아이들에게는 슬픔이를 위한 집이 필요합니다. 슬픔이와 같은 부정적인 느낌을 자아내는 감정은 버려두거나 무시하고 싶을지도 모릅니다. 하지만 그 어떤 감정도 쓸모없는 감정이 아닙니다. 슬픔이는 세상을 살아가며 만날 수밖에 없는 감정이며 나를 성장시킵니다. 세상을 오로지 밝고 희망적인 것으로만 볼 때, 성장은 일어나지 않습니다. 우리가 알듯이 아이들이 살아갈 세상은 그렇게 호락호락하지만은 않거든요.

오히려 내 안의 슬픔이를 마주하고 받아들일 때, 삶을 살아내며 만나게 될 좌절도, 실패도 견디고 이겨나갈 수 있습니다. 혼란스러운 사춘기를 잘 보내기 위해서는 누군가의 칭찬도, 응원도, 지지도 필요하지만, 무엇보다 마주하는 슬픔을 잘 견디어보는 것이 필요합니다. 슬픔이를 받아들이고 그 속에서 자신을 발견해나가는 아이들이야말로 이상이 아닌 현실적인 이 땅에 발을 딛고 건강하게 성장해나갈 수 있답니다. 아프지만 성장을 위해, 나에게 찾아온 이 낯설고 불편한 감정과 어울리며 친해지는 시간이 필요합니다. 이 과정에서 아이들의 정서 발달이 일어납니다.

슬픔이를 위한 집을 짓는 사춘기 아이들 : 정서와 정서 발달

'정서'는 어떤 자극 때문에 사람의 마음에 일어나는 여러 가지 감정을 의미합니다. 정서는 자극에 의한 신체 반응이라고도 얘기합니다. 그만큼 정서 그 자체는 자연스럽게 일어나는 무조건적 반응입니다. 보통 태어나서 5년 정도가 지나면 성인이 갖는 대부분의 정서가 나타나며, 아이가 성장하면서 정서는 세세하게 분화됩니다. 여러 경험을 통해, 아이는 즐거움이라는 감정에도 기쁜, 신나는, 흥분된, 행복한 등의 다양한 감정도 존재한다는 것을 배웁니다.

정서가 분화됨에 따라 정서를 통제할 수 있는 능력도 자라나게 되는데, 이것을 우리는 '정서 발달'이라고 부릅니다. 돌도 안 된 아기는 정서 발달이 미숙하여 화가 나거나 마음에 들지 않으면 환경을 가리지 않고 울며불며 떼를 씁니다. 하지만 아이가 좀 더 성장하면 화가 나는 상황에서도 주변을 살핍니다. 울고 떼를 쓰지 않고 적당히 참아 넘깁니다. 즉, 정서가 발달하면서 정서를 조절할 수 있는 능력이 생겨나는 것이지요.

처음, 낯설고 불편한 슬픔이와 어떻게 관계를 맺을지 모르는 아이들은 그림책의 소년과 같이 슬픔이만을 위한 집을 짓습니다. 슬픔이를 위한 집. 이곳에서 슬픔이와 소년은 그 무엇도 시도해볼 수 있을 만큼 자유롭습니다. 커지고 싶을 땐 마음대로 커질 수도 있고, 원하는 것은 무엇이든 할 수 있습니다. 온종일 벽을 보기만 해도, 창문 밖을 내다보기만 해도, 아니 그마저도 원치 않아 창문을 닫고 가만히 있더라도 그 누구 하나 뭐라고 할 사람이 없습니다. 어둠 속에 앉아만 있든, 어떤 기분을 느끼든 전혀 상관없습니다. 아이는 가끔, 매일, 때로는 매시간 찾아가 슬픔이와 함께 시간을 보냅니다. 이곳에서 아이는 정서를 충분히 느껴보고, 표현해보며, 조절할 힘을 키워나갑니다.

 그런데 안타깝게도 키와 몸이 성장하는 신체발달 속도를 정서발달이 따라가지 못합니다. 게다가 사춘기에 찾아오는 부정적 정서의 소용돌이 속에, 이전보다 정서조절이 더 어려워집니다. 그러니 어른들 눈에는 좀 이상해 보입니다. 겉으로 보이는 신체는 성인처럼 자랐는데 왜 아직도 자기감정을 조절해내지 못할까 이상합니다. 별말도 아닌데 눈물을 글썽거리는 딸, 굉장히 억울해하는 아들을 보면서 당혹스러울 때도 있습니다. 부정적 감정에 매몰되어 있는 것 같은 우리 아이, 괜찮은 걸까요?

 네. 괜찮습니다. 아이는 자기만의 속도에 따라 슬픔이를 위한 집을 짓고 있답니다. 그리고 다행히도 12세 이후 청소년은 형식적 조작 능력이 발달하면서 추상적 사고 능력을 획득합니다. 자신이 경험하는 감정과 그것의 의미에 대해서도 생각할 수 있게 되는 것이죠. 그림책에서 마치 창밖에서 집안의 슬픔이를 바라보고 있는 아이처럼요. 아이들은 안전한 공간에서 자신의 부정적인 감정을 직면하고 조절할 수 있는 다양한 시도를 할 수 있습니다. 아직은 미숙하여 순간적인 감정에 휩싸이지만, 그 과정에서 여러 감정을 느껴보며 나만의 해결 방법을 찾는 중이랍니다. 우리 아이는 그림책 속 소년처럼 슬픔이를 위한 정원을 지어주기도 하고, 좋아하는 차를 마셔보기도 하고, 꼭 껴안고 울어보기도 합니다. 이 모든 노력은 슬픔이를 위해 지은 집에서만 안전하게 시도해볼 수 있습니다. 그동안은 엄마의 도움으로 겨우 정서를 조절해보고 진정할 수 있었던 아이가, 이제는 엄마의 도움 없이도 스스로 정서를 조절해보는 시도를 하게 됩니다. 이렇게 아이는 성장해 나갑니다.

엄마의 슬픔이를 위한 집 : 감정의 통합과 성장을 위하여

그렇다면, 엄마의 슬픔이를 위한 집은 어떤가요? 엄마의 슬픔이는 잘 있나요?

세상 모든 엄마는 아이들에게 믿고 의지할 수 있는 존재가 되길 원합니다. 때로는 친구처럼 시시콜콜한 이야기를 다 들어주는 엄마, 힘들어할 때 상담자처럼 위로해 줄 수 있는 엄마, 어렵고 낙심되는 상황에서 한방의 멋진 조언을 해 줄 수 있는 해결사 엄마. 그런 엄마가 되기 위해서는 엄마인 나의 슬픔이를 위한 집을 한 번 둘러보는 것이 필요합니다. 나는 내가 마주하는 슬픔이를 외면하고만 있진 않나요? 나의 슬픔이는 내 마음의 집에서 안전하게 조절될 수 있나요?

많은 아이가 엄마에게 고민을 말하지 않는다고 합니다. 이유를 물어보면 대부분 "엄마가 속상해하실까 봐요"라고 대답합니다.

어떤 학생은 엄마에게 고민을 얘기한 적이 있는데, 엄마가 나보다 더 속상해하고, 심지어 울기까지 했다고 합니다. 그 모습을 본 아이는 죄책감이 들어 그 뒤로는 엄마에게 자기의 어려움을 이야기하는 것이 참 어려워졌다고 합니다. 엄마가 나보다 더 견디기 어려워하는 그 상황에 아이들은 더 불안을 느낍니다. 게다가 아이들은 엄마의 모습에 참 민감합니다. 엄마가 애써 숨기더라도 엄마의 감정을 본능적으로 알아채 버리죠. 그렇기에 누구보다 엄마의 슬픔이를 위한 집이 튼튼하고 건강해야 합니다.

성인이 되어가는 여정 속에서 만나는 모든 경험은 우리 아이들에게 늘 새롭습니다. 새로운 것들을 배우며 다양한 가치를 통합해 나가는 일에는 긴장과 불안, 고통이 따라올 수밖에 없습니다. 친구 관계에서의 미묘한 갈등과 다툼, 잘하고 싶지만 생각보다 어려운 공부에서 오는 스트레스, 친구와 비교하며 오징어 같이 느껴지는 내 외모. 아이들에게는 이 모든 것들이 참 어려운 과제입니다. 이 속에서 오는 실망, 좌절, 고통과 같은 감정들을 아이는 마주하며 함께 살아나가는 방법을 찾아야 합니다. 지금 이 시기는 어른이 되는 길목에서 감정을 수용하고, 통합해나가는 연습을 할 수 있는 중요한 시기입니다.

아직은 배워야 할 것이 많고, 모르는 것 투성이기에 불안한 나의 아이에게 엄마는 있는 힘껏 지지와 응원, 공감을 보내야 합니다.

키는 훌쩍 컸지만, 뇌도, 마음도 아직 자라는 중임을 이해해줘야 합니다. 짜증으로만 비치는 그 혼란스러운 마음을 알아주고 버티고 인내할 수 있어야 합니다. 이를 위해서, 엄마의 마음 안에는 아이가 보내는 짜증과 무시, 공격의 눈보라 속에서도 무너지지 않을 엄마의 슬픔이를 위한 튼튼한 집이 있어야 합니다. 엄마 역시 엄마의 슬픔이를 있는 그대로 인정하며, 알아주고, 기꺼이 끌어안고 공감할 수 있어야 합니다. 아이가 힘든 일을 겪었다고 함께 무너지는 것이 아니라, 굳건히 자리를 지키며 위로해주고, 함께 해결책을 찾아가 줄 수 있는 안전 기지가 되어주어야 합니다.

　엄마와 다툼이 있던 날, 아이가 슬픔이를 위한 집으로 들어가서 혼자만의 긴 시간을 가집니다. 두드려도 열리지 않는 그 방문 앞에서, 엄마는 아이의 혼자만의 시간을 인정해주고 슬픔을 견뎌낼 만한 힘이 있음을 믿어야 합니다. 엄마 역시 엄마만의 안전한 마음의 집 안에서 화나고, 걱정되고, 불안한 마음의 감정을 스스로 토닥이고 진정시켜야 합니다. 그리고 아이가 나올 때까지 기다려야 합니다. 다시 말해 엄마가 아이의 감정에 함께 매몰되는 것이 아니라, 휘몰아치는 아이의 감정에서 한 발자국 떨어져 정서를 조절하는 모습을 먼저 보이는 것이 중요합니다. 모르는 척하며 농담으로 넘어가는 것도, 아무 일 없었다는 듯 무시하는 것도 좋은 방법이 아닙니다. 우리의 잠시 잠깐 어긋난 관계가 어렵고 힘들었음을 인정하며, 그럼에도 나는 우리 관계가 잘 회복될 것임을 믿는 것, 여전히 너는 나의 사랑하는 아들, 딸임을 알아주는 것이 건강하게 정서를 조절하는 것입니다. 또한, 지금의 고통스러운 관계 단절의 시간 속에서도 지난여름 우리가 함께 마주하며 하하 호호 웃었던 시간도 함께 떠올리고 유지할 수 있는 것. 이것이 바로 부정적인 상황에서도 기꺼이 긍정적인 면도 함께 유지하고 통합할 수 있는 능력입니다.

그러니 혹, 아이에게 슬픈 일이 있어도 괜찮습니다. 아이에게는 안전한 슬픔이를 위한 집이 있으니까요. 아이는 슬픔이와 함께 손을 잡고 이만하면 충분히 좋은 세상을 향해 걸어 나가게 될 것입니다.

자신의 슬픔에게 충분히 숨 쉴 수 있는
공간과 피난처를 만들어주세요.
모든 사람이 정직하고 용감하게 슬픔을 견뎌낸다면
지금 세상을 가득 채우고 있는 슬픔도 줄어들 것입니다.

하지만 여러분이 자신 안의 공간을 증오와 복수로 채운다면
다른 사람들에게 새로운 슬픔이 태어나고,
이 세상의 슬픔은 절대 줄어들지 않을 것입니다.

지랄발광 사춘기 ∞∞∞ 흔들리는 사십춘기

만약 당신이 슬픔에게 충분한 공간을 마련해준다면,

삶은 아름다우며 풍요롭다고

진심으로 말할 수 있을 것입니다.

_에티 힐섬(Etty Hillesum)

PART 2

사십춘기 : 흔들리는 엄마

처음 길을 떠나는 아이에게 엄마는 하고 싶은 말이 참 많습니다. 수많은 걱정을 꾹꾹 누르며 첫발을 내미는 아이를 바라봅니다. 그림책 가득히 펼쳐지는 아이의 세상이 우리로 하여금 길 떠나는 아이를 응원하게 만듭니다. 그 누구보다 엄마는 기도하는 마음으로 모든 걸음을 응원합니다. 너의 모든 순간에 엄마가 마음으로 함께 할 것이며, 언제든 돌아와도 된다는 엄마의 고백은 아이에게 용기를 북돋아 줍니다.

길 떠나는 너에게
최숙희 지음 | 책읽는곰

제1화

사춘기 아이와의 관계를 위한 열쇠 : 애착

엄마 마음은 불안합니다

해보기 전엔 알 수가 없고, 가보기 전엔 알 수가 없기에 아이는 용기 내어 자기만의 길을 떠나기 시작합니다. 이런 아이를 바라볼 때면, 엄마의 마음속에는 수만 가지 염려가 올라옵니다.

'아직 어린데…. 아이가 스스로 뭘 선택할 수 있겠어. 내가 옆에서 죄다 알려주고 도와줘야지'
'내 자식만은 나처럼 뻥 둘러서 가도록 내버려 두고 싶지 않아.'
'아이가 너무 힘들어지면 어떡하지? 자존감만 낮아지는 거 아니야?'

'친구도 내가 만들어줘야지. 질 나쁜 친구를 사귀거나 학교폭력에 휘말리면 어떻게 해?'

생각이 꼬리에 꼬리를 물고 늘어져 자녀 대신 내가 아이가 겪을 좌절과 실패를 대신 경험하고, 그 모든 걸 껴안아 주고 싶을지도 모릅니다. 갑자기 찾아온 사춘기로 내 아이가 엄마에게서 떨어지려고 할 때, 엄마는 당황스럽고 아직은 마냥 어린아이인 것 같아 마음이 놓이지 않습니다. 내 품에서 떠나려는 아이를 꼭 붙들고 놓고 싶지 않습니다.

그렇지만 아이는 자기만의 길을 떠나야만 성장할 수 있습니다.『길 떠나는 너에게』속의 엄마는 쉴 새 없이 드는 걱정과 염려를 내려놓고 아이의 길을 묵묵히 응원합니다. 언제든 엄마에게 돌아오면 꼭 안아주겠다고 약속합니다.

아이가 길을 가다가 엄마에게 도움을 청하면 그때그때 들어주고 도와주면 됩니다. 아이가 엄마의 경험을 물어오면 기꺼이 내 경험을 나누어주면 됩니다. 엄마의 삶의 지혜를 물으면 조언해 줄 수 있습니다. 사춘기 자녀의 엄마는 이제 막 길을 떠나려는 아이를 묵묵히 응원하며, 자신만의 길을 잘 찾을 수 있길 기도하는 것만으로도 자신의 역할을 충분히 잘 해내고 계신 겁니다.

어려운 일일지라도 찬란하게 자신의 길을 가고 있는 아이를 응원해주는 것은 아이에게 큰 힘이 될 것입니다. 너만의 고유한 색을 가진 멋진 어른으로 성장해 나갈 거라는 엄마의 믿음과 사랑은 아이에게 굉장한 선물이 될 것입니다. 그 어떤 상황에서도 나를 사랑하고 믿어준다는 엄마의 마음이야말로 아이의 건강한 자존감의 시작이거든요.

사춘기 자녀의 엄마에게 필요한 것은 무엇일까요?

이전에는 몰랐던 자신의 모습을 알아가며 현실에 이리저리 부딪히고 힘들어하는 자녀를 바라보는 것은 쉽지 않습니다. 특별히 사춘기는 그 이전의 어떤 단계보다 아이와 엄마에게 가장 큰 변화가 찾아오기 때문에 더 혼란스럽고 힘든 게 아닐까 싶습니다. 그래서 엄마도, 자녀도 잘 자라나기 위해서는 알아야 합니다. 사춘기 자녀의 특징이 무엇인지, 나와 내 자녀에게 영향을 미치는 엄마의 감정은 어떤 것인지, 사춘기 자녀와는 어떻게 소통해야 하는지. 이런 것들을 배우고 알아가야 합니다.

사춘기 자녀의 엄마는 누구보다 든든한 아이의 상담자이자 인생의 멘토 역할을 감당해나가야 합니다. 우리는 아이의 고민이나 어려움을 엄마가 다 해결해 줄 수 없다는 것을 너무나도 잘 알고 있습니다. 그저 묵묵히 『길 떠나는 아이에게』에 나오는 엄마처럼 아이에게 든든한 상담자, 지원자가 되어 아이가 스스로 문제를 해결할 수 있도록 돕고자 합니다. 하지만 이 과정이 참 쉽지 않습니다. 쉽사리 토라지는 아이를, 어떤 날은 엄마에게 도움을 요청했다가 어떤 날은 엄마를 무시하는 날들 속에 엄마는 혼란스럽습니다. 이 혼란 속에 길을 잃지 않기 위해서라도 아이에 대해, 사춘기에 대해 더 알아야 하는지도 모릅니다.

나는 어떠한가요? 어느덧 40대, 심리학자 융이 말하는 중년의 위기에 처한 나는 어떠한가요? 때때로 감정 조절이 안 되고, 사춘기 자녀와 싸우고 있는 나를 보니 서글프지 않나요? 사춘기에 대한 수많은 정보를 듣고 책을 통해 어떻게 공감하고 훈육해야 하는지를 공부해도 막상 갈등의 순간이 닥쳐오면 어렵습니다. 공감과 훈육의 사잇길에서 혼란스럽습니다. 머릿속에서는 화를 내면 안 된다는 걸 되뇌어 보지만, 나도 모르게 아이에게 버럭 화를 냅니다. 그날 밤, '난 엄마 자격이 없나 봐'라고 후회하며 죄책감 속에 눈물짓기도 합니다. 왜 이렇게 어려울까요? 사춘기 자녀와 관계를 차곡차곡 쌓아 올리는 것이 왜 이토록 버거울까요? 물론 사춘기 자녀의 특성도 관계에 영향을 주겠지만, 무엇보다 크게 영향을 주는 것은 내 마음 깊은 곳에 자리 잡은 기억, 무의식 때문입니다. 이 무의식은 전혀 의식되지 못한 채 내 생각과 마음, 그리고 몸을 움직이게 만듭니다. 알지 못한 채 자동으로 나오게 되는 이 모든 것들이 관계 속에 엄청난 영향을 미치게 되죠.

사춘기 자녀와의 관계를 위한 열쇠는 바로 '애착'입니다

대상관계 이론에 따르면, 지금 내가 맺고 있는 이 관계는 무의식적으로 어릴 적 나의 주 양육자, 주로 부모와의 관계로부터 영향을 받았다고 이야기 합니다. 이것은 바로 '애착'입니다. 엄마인 나와 우리 아이가 맺는 관계의 시작은 나와 나의 엄마와의 애착 관계입니다. 나의 애착이 어떻냐에 따라 내가 나와 세상, 그리고 자녀를 바라보는 관점이 달라집니다. 물론 유전적으로 기질이나 성격을 닮아서 비슷한 말과 행동을 하는 경우도 있지만, 무엇보다 엄마와 나의 애착관계가 나와 아이와의 관계에 지대한 영향을 줍니다.

몇 년 전, 학교폭력 가해 학부모 특별교육을 진행하였던 때의 일입니다. 〈사춘기 자녀와의 대화법〉을 주제로 부모교육을 진행하던 중, 어린 시절 원가족(출생하여 부모 밑에서 자라 온 가족을 의미, 이와 다르게 성인이 되어 결혼과 함께 새롭게 형성하는 가족을 '생식가족' 혹은 '형성가족'이라고 한다)과의 경험을 나누는 시간을 가졌습니다. 중학교 3학년 아들을 둔 엄마는 사춘기 자녀와의 대화법을 배우는데 왜 원가족 이야기를 해야 하는지 모르겠다며 다소 회의적인 태도로 교육에 임했습니다. 우리 때는 부모가 바빴기에 혼자서도 알아서 잘 놀고 잘 컸는데, 요즘 아이들에겐 왜 이렇게 필요한 게 많으냐고 했습니다.

조심스럽게 어린 시절에 부모님과 함께 보냈던 시간이나 대화에 대해서 여쭤보았습니다. 부모님께서 바쁘셨기 때문에 함께 시간을 보낸다거나 대화를 나눈 기억이 별로 없다고 하셨습니다. 입을 꾹 다문 채, 잠시 침묵을 한 엄마는 갑자기 저의 눈을 쳐다보았습니다. 그리고 이렇게 대답했습니다.

"마치 지금의 아들과 저처럼요."

엄마는 자기도 모르는 사이에 어릴 때의 부모님과 똑같이 중3 아들을 키우고 있었습니다. 그냥 놔두면 알아서 잘 클 거라고 생각하면서요. 하지만 사실 아들은 엄마와 보내는 시간이, 엄마와 나누는 진솔한 대화가 필요했습니다. 엄마가 어린 시절에 그토록 자신의 부모님께 바랐던 것처럼요.

내가 부모님과 맺었던 애착관계는 내 마음 속에 색을 칠합니다. 좌절과 실망이 있어도 대체로 공감 받고 긍정적인 관계를 맺었다면 밝은 감정의 색이 칠해집니다. 반면 대부분의 시간 동안, 감정을 무시당하고 공감 받지 못해서 불편한 관계를 맺었다면 어두운 감정의 색이 칠해집니다. 이 감정의 색은 살아가면서 다른 관계에 의해 조금씩 변하기도 합니다. 하지만 한번 칠해진 색은 안타깝게도 잘 지워지지 않습니다. 이미 내 안에 칠해진 엄마와의 감정의 색은 자녀와의 관계 경험에 영향을 줄 수밖에 없습니다.

따라서 사춘기 자녀와의 관계를 살펴보기 이전에 원가족에서 내가 맺었던 애착 관계를 살펴보는 것이 필요합니다. 지금부터 『길 떠나는 아이에게』의 엄마처럼 사춘기 자녀의 발걸음과 함께하기 위해 나의 애착 관계에 대해 생각해보고자 합니다. 나의 애착 관계를 돌아보며 한 뼘 더 성장해 있을 나를 기대합니다.

이 세상에는 엄마가 아주 많습니다. 역경 속에서도 꿋꿋이 알을 품는 펭귄 엄마, 낳기만 하고 뒤도 안 돌아보고 내빼는 타조 엄마, 자식을 위해 아낌없이 다 내어주는 펠리컨 엄마….

 수많은 엄마 중 악어 엄마는 어떤 모습일까요? 날카롭고 매정해 보이는 눈, 닿으면 딱딱한 피부, 뾰족뾰족 날카로운 이빨로 자식을 키워내는 모습은 어떠할까요?

악어 엄마

조은수 글 | 안태형 그림 | 풀빛

제2화

나의 엄마와 나
그리고 나의 아이

나의 엄마는 어떤 엄마였나요?

'엄마'….

 당신에게 이 단어는 어떤 색감으로 다가오나요? 내 마음에 채색된 정서적 색감을 가만히 음미하면 어떤 생각들이 떠오르나요? 엄마가 아직 살아계셔서 보고 싶으면 언제든 만날 수 있는 분도, 어느 해엔가 내 곁을 떠난 엄마를 그리워하며 허전한 마음에 눈시울 적시는 분도, 살아계시지만 남모를 사연으로 정서적 단절을 한 채 모르는 사람처럼 살아가시는 분도 계실 거예요. 내가 직접 눈으로 볼 수 있든, 그렇지 않든 간에 우리 마음속에는 수많은 기억과 느낌으로 덧대어 칠해진, 그 무엇보다 강렬한 '엄마'라는 색이 있습니다. 좋았던 기억, 행복했던 기억, 힘들었던 기억, 슬픈 기억 등이 얼기설기 엉켜 버무려진 채로요.

"이 세상에는 엄마가 아주 많아."

세상에는 수많은 아이만큼 수많은 엄마가 있습니다. 누군가에게는 어쩌다 거저 주어진 것만 같은 단어이기도 하고, 누군가에게는 엄청난 기다림 끝에 마침내 주어진 단어이기도 합니다. 누군가에게는 어색하고, 당황스럽고, 부담스럽기만 한 단어. 누군가에게는 간절하고, 애절하고, 가슴 벅찬 단어이기도 합니다. 어릴 때뿐 아니라 성인이 되어서도 엄마라는 말만 들으면 나도 모르게 마음이 애틋해지고 코끝이 찡해집니다. 때로는 가장 가까운 대상인 엄마에게 상처 받았던 날들이 떠올라 복잡한 감정에 휩싸이기도 합니다. 최근 문제가 되는 자해 관련 SNS 게시물에 대한 분석을 살펴보면, 자해와 연관된 단어 중 중요 단어로 '엄마'가 등장했습니다. '엄마'의 모진 말이 힘들어 자해하는 이들도 있지만, 자해한 후에 '엄마'에게 상처 준 미안함, 죄책감을 표현하기도 합니다. 그만큼 '엄마'가 우리에게 주는 영향력은 크고 강렬합니다. 수많은 그림책과 영화, 드라마와 같은 매체에서도 '엄마'에 대한 주제가 자주 등장하는 이유도 그만큼 엄마가 주는 메시지가 강력하기 때문입니다.

세상에는 수많은 엄마만큼 수많은 엄마의 모습이 있습니다. 수많은 엄마는 자신만의 의미를 담아 사랑을 표현합니다. 사랑을 표현하는 방식은 모두 다릅니다. 『악어 엄마』에서 엄마의 다양한 모습을 찾아볼 수 있습니다. 비바람과 눈보라가 몰아치는 세상 속에서 아이가 다치지 않게 다 막아주는 펭귄 엄마, 낳기만 하고 키우기를 거부하고 도망가는 타조 엄마, 자신의 모든 것을 희생하며 아낌없이 다 내어주는 펠리컨 엄마….

"악어 엄마 같은 엄마는 흔치 않지.
비바람을 막아주지도 먹이를 잡아주지도 않아.
조금 떨어진 곳에서 지켜볼 뿐
눈을 떼지도, 아주 눈을 감지도 않지."

그리고 악어 엄마…. 우리가 흔히 알고 있는 악어의 모습은 어떠한가요? 딱딱하고 너무 차가울 것 같아 피하고 싶은 피부, 닿기만 해도 다칠까 두려워 피하고 싶은 뾰족한 이빨, 주눅 들게 하는 매서운 눈빛…. 겉으로 드러난 모습을 보면, 저런 모습으로 어떻게 아이를 낳고 키울 수 있을까 걱정됩니다. 하지만 악어 엄마에게는 겉모습과는 달리 따뜻하고 부드러운 모성애가 있습니다. 악어 엄마는 조금 멀리 떨어진 곳에서 아기를 지켜볼지라도 절대 눈을 떼지 않습니다. 늘 아기의 필요를 생각합니다. 약한 새끼가 알을 깨고 나오지 못할 때는 무시무시한 이빨로도 최대한 세심하게 도와줍니다. 행여 아기가 다칠까 조심스러워하면서요. 겉으로 보면 매정하게 새끼들을 강물에 빠뜨리는 행동도 사실은 물살이 여리기도, 세기도 한 세상 속에서 스스로 살아가는 방법을 가르치기 위함입니다.

그토록 사랑하는 마음이 있으면서 왜 안아주지 않는지 아이들은 궁금합니다. 하지만 엄마는 딱딱하고 거친 몸으로 아이를 안아주다 다칠까 염려되는 마음에 안아주지 못했습니다. 미안한 마음을 담아 너희에게서 한시도 눈을 뗀 적이 없다고 다정하게 이야기하죠.

먹이를 잡는 모습을 멀찌감치 지켜보며 흐뭇해하다가, 누군가 제 자식을 해칠 기미가 보이면 바로 달려와 물리칩니다. 엄마의 보살핌을 받던 아기가 자라 어느새 자신의 가정을 꾸릴 정도로 성장하면 악어 엄마는 이제 그 곁을 떠납니다. 엄마가 된 새끼 악어는 마음속에 남아있는 엄마의 모습을 꺼내 보며, 엄마를 닮은 또 다른 엄마가 되어갑니다.

그렇다면, 당신의 엄마는 어떤 엄마였나요? 펭귄 엄마, 타조 엄마, 펠리컨 엄마, 악어 엄마 중 어떤 모습이 당신의 엄마와 비슷했나요? 혹은 그림책 속에 등장하지 않은 다른 모습이었나요? 사춘기 자녀를 잘 양육하기 위해서는 무엇보다 나와 엄마와의 과거 경험을 깊이 있게 들여다볼 필요가 있습니다. 왜냐하면, 엄마와의 관계 경험이 현재 내 아이를 향한 나의 감정이나 행동에 영향을 주기 때문입니다. 혹여 내 아이를 대할 때 유독 힘들고, 격한 감정들이 떠오른다면 이는 과거에 해결되지 않은 엄마와 나 사이에 있는 애착 문제일 수 있습니다.

애착, 너무나도 중요한 관계 경험

수많은 육아서적에서 '애착'은 관계 경험의 기본이자, 매우 중요한 것으로 이야기됩니다. 애착이란 자신과 가장 가까운 사람과 형성하게 되는 강렬하면서도 지속적인 정서적 유대관계입니다(Bowlby, 1958). 유명한 '낯선 사람 실험' 연구를 통해 애착 이론을 심화, 발전시킨 메리 에인스워스(Mary Ainsworth)는 '애착'을 시간과 공간을 넘어선 사람과 사람을 연결하는 깊고 지속적인 유대감이라고 정의했습니다.

새로 부화한 새끼 거위들은 엄마를 졸졸 따라다닙니다. 새끼 거위들은 엄마가 직접 먹을 것을 주지 않아도 엄마와 떨어지게 되면 삐악, 삐악 울면서 엄마를 찾아다니는 행동을 합니다. 엄마만 졸졸 따라다녔던 우리 아이들처럼요. 새끼 거위의 애착 행동은 유명한 로렌즈의 각인 실험에서 발견되었습니다. 이처럼 애착 행동은 생득적으로 타고난 기본적 욕구입니다.

   해리 할로 실험에서도 우리는 엄마의 품이 얼마나 중요한지 알 수 있습니다. 새끼 원숭이들은 우유가 나오지만 차갑고 딱딱한 철사 엄마와 우유가 나오지 않지만 부드러운 천의 담요 엄마 중 어떤 엄마를 선택했을까요? 친엄마를 잃은 새끼 원숭이들은 안타깝게도 처음에는 극도의 스트레스 행동을 보여줬습니다. 친엄마를 잃은 충격에 비명을 질러대고 설사를 했습니다. 하지만 며칠이 지난 후, 새끼 원숭이들은 담요로 덮인 가짜 엄마에게 매달려 어루만지고 그 위를 기어 다니는 애착 행동을 보였습니다. 친엄마의 돌봄을 받지 못하고 가짜 철사 엄마로부터 수유만 받았던 원숭이들은 커서 또래와 어울리지 못하고, 짝짓기도 어려워했습니다. 급기야 새끼를 낳더라도 적절하게 돌보지 못하게 되었죠.

   그렇다면 인간은 어떨까요? 미국의 의사였던 르네 스피츠는 제2차 세계대전 당시, 고아가 된 생후 6~18개월 아기들에게 좋은 것들을 주고 싶었습니다. 최선을 다해 깨끗하고 좋은 환경에서 시간에 맞춰 분유를 먹이고, 기저귀를 갈아주며 기본적 돌봄을 제공했습니다. 하지만 눈 맞춤, 안아주기 등과 같은 정서적 돌봄을 제공하지 않았습니다. 시간이 지나자, 아기들은 표정이 경직된 채, 손가락을 심하게 빨거나 기어 다니는 퇴행 행동을 보였습니다. 계속해서 병에 걸리고 일부는 노화 증상을 보이다가 만 두 살 이전에

죽기까지 했습니다. 그러던 중, 르네 스피츠가 멕시코에 휴가를 가게 되었는데 그곳의 병원에도 고아들이 많았습니다. 멕시코 병원의 시설은 좋지 않았고, 아기들에게 영양분이 제대로 공급되지 않았습니다. 그런데 어찌된 일일까요? 예상과는 달리, 아기들이 건강하게 잘 자라고 웃는 모습을 보였습니다. 르네 스피츠는 어떻게 이런 일이 있을까 궁금해하며 자신의 병원과 다른 점을 찾아보았습니다. 한 가지 다른 점은 그곳에 있던 아기들에게는 매일 같이 놀아주고 안아주는 어른들이 있었던 것입니다.

이 몇 가지 연구를 통해 우리는 아이들이 성장하는 데 있어 신체적 돌봄만큼 정서적인 돌봄인 애착이 얼마나 중요한지 알 수 있습니다. 애착은 인간의 기본 욕구이자, 아이가 자라나는 데 있어 가장 중요한 유대관계입니다. 이뿐만 아니라 인간은 성장해나가며 엄마(주 양육자)와의 정서적 애착 경험을 바탕으로 자신, 타인, 세상에 대한 믿음 체계를 만들어나갑니다. 이러한 믿음 체계는 우리의 머릿속에 자기, 타인, 세상, 대인관계에 대한 이미지를 갖게 합니다. 이를 토대로 우리는 주위를 해석하고, 나에 대한 기대, 타인에 대한 기대, 세상에 대한 기대, 대인관계에 대해 기대를 하게 됩니다.

즉, 엄마와 나의 초기 관계 경험의 질, 애착 경험을 토대로 우리는 내가 살아가는 세상에 대한 지도를 그립니다. 이 지도는 누군가에겐 타인과 편하게 가까워지는 길을 안내해주는 반면, 어떤 이에게는 타인과 벽을 치고 혼자만의 세계로 들어가는 길을 알려 주기도 합니다. 이 지도는 언어 습득 이전에 형성된 매우 강렬한 것으로, 무의식적으로 내가 사는 삶에 강렬한 영향을 미칩니다.

'나는 어떤 존재인가요?'
'타인은 어떤 존재인가요?'
'나에게 있어, 세상은 어떤가요?'

이런 질문 앞에서 마음속에 떠오르는 생각은 우리의 관계 경험 속에서 자리 잡게 된 이미지입니다. '나는 사랑스러운 존재다', '나는 쓸모없는 존재다', '다른 사람은 믿을 수 있는 사람이다', '다른 사람은 절대 신뢰해서는 안 되는 존재이다', '세상은 안전하다', '세상은 무섭고 두렵다' 등 수많은 정의 중 당신의 마음속에 가장 먼저 떠오른 생각은 어떤 생각인가요?

엄마와 안정적 애착 형성을 한 사람은 자신과 타인에 대한 인지적 이미지로 '나는 괜찮은 사람이다', '주위 사람은 믿을 만하고 의지할 수 있다' 와 같은 믿음을 갖게 됩니다. 이런 믿음을 가진 사람은 다른 관계에서도 안정적인 관계를 형성할 가능성이 크겠죠. 만약 엄마가 냉정하고 무심해서 불안정한 애착 관계를 형성하였다면 자기에 대한 자신감이 없고, 다른 사람이 자신에게 긍정적인 반응보다는 부정적인 반응을 하리라 예측하게 됩니다. 이렇듯 초기에 형성된 관계 경험인 애착은 어린 시절에만 영향을 주는 것이 아닙니다. 이후에 다른 사람들과 관계하는 방식뿐만 아니라 우리가 느끼고 생각하는 습관에서도 나타납니다.

울창하고 튼튼한 나무를 키우는 데 있어 좋은 땅이 그 무엇보다 필요하듯이, 예쁘고 건강한 아이를 키워내는 데 있어 좋은 토양인 애착이 필요합니다. 비옥한 땅을 발판 삼아 건강하게 뿌리를 내려 자라는 나무는 평생 비바람이 몰아쳐도 넘어지지 않고 굳건히 버텨낼 수 있습니다. 이처럼, 안정된 애착을 발판 삼아 건강하게 관계 맺고 자라는 아이는 어떠한 시련이 몰려올 때 잠깐 넘어지더라도 다시 일어 내서 살아갈 힘을 갖게 됩니다.

엄마와 나의 관계는 나와 자녀의 관계를 비춰주는 거울입니다

우리는 낯선 세상에 태어나 최초 대상으로 나의 엄마를 만났고, 어느덧 어른이 되어 우리 아이를 만났습니다. 그렇게 엄마가 되었습니다. 우리 엄마의 이 모습만은 절대 닮고 싶지 않았는데…. 아이를 키우다 보니, 내가 그토록 싫어했던 엄마와 비슷한 모습에

나 자신이 실망스럽습니다. 과거의 엄마와 나의 관계가 현재 우리 아이와 나의 관계 속에 재연되는 것 같아 심란합니다.

  내가 기억하는 엄마는 삶의 행군 속에 무척이나 외롭고 고단했던 군인 같았습니다. 여린 몸으로 일찌감치 생계형 경제활동을 해야 했기에 체력적으로 아주 힘들었을 것입니다. 우리를 안아줄 여유조차 없었던 엄마의 발걸음은 늘 빨랐습니다. 그 발걸음을 좇아가는 일이 어린 나에게 참 버겁기만 했습니다. 늘 분주하고 냉담했던 엄마와의 관계 경험은 나에게 '나는 소중하지 않은 존재', '타인은 기댈 수 없는 존재, 귀찮게 하면 안 되는 존재'라는 이미지를 갖게 해 주었습니다. 그래서 저는 수많은 관계 속에서 타인에게 의존하거나 기대는 것이 참 어려웠는지도 모릅니다.
  엄마와의 관계 경험이 그렇게 중요하다면, 엄마와의 관계 경험이 지금 나와 내 자녀의 관계까지 영향을 미친다면, 지금의 나는 어떻게 해야 할까요? 이미 다 지나가 버린, 내가 어찌 손쓸 수 없는 과거인데 어떻게 해야 할까요? 너무나도 마음이 아프고 막막한 마음이 들 것입니다. 하지만 여기서 우리가 알아야 할 사실은 과거 애착 경험, 그 자체가 아닙니다. 그보다는 나의 애착 경험에 대해 내가 갖는 태도입니다. 과거는 바꿀 수 없습니다. 하지만 과거 경험을 다루는 나의 태도는 바꿀 수 있습니다. 그러려면 먼저 자신의 애착 경험에 대해 알아야 합니다.

지랄발광 사춘기   ∞∞∞   흔들리는 사십춘기

내가 엄마와 어떤 관계를 경험을 맺어왔는지, 그 애착 경험이 지금 나와 나의 자녀와의 관계에 어떤 영향을 미치는지, 나는 내 세계를 어떻게 바라보고 살아가고 있는지 아는 것이 중요합니다. 알아야지 내가 이 관계의 패턴을 바꾸든 말든 결정할 수 있으니까요. 자신의 과거, 애착 경험이 별일 아니라며 자신에게 미친 영향을 최소화하거나 부정하는 것은 도움이 안 됩니다. 또는 그 경험에 압도되어 원망과 울분을 쏟아내며 집착하는 것도 도움이 안 됩니다. 단지 자신의 애착 경험 자체를 액면 그대로 받아들이기보다 그 경험이 나에게 주는 의미를 생각해보는 것이 중요합니다.

　지금의 나는 어떨까요? 수도 없이 엄마를 닮지 말아야지 다짐하지만, 마음이 분주해지면 아직 걸음이 느린 아이를 저만치 떼어두고 혼자 전력 질주하기도 합니다. 하지만 자각한 순간, 다시 아이에게로 돌아와 발걸음을 맞춥니다. 내가 그토록 힘들어했던, 무척이나 싫었던 내 엄마의 모습이 내게도 나타난다면 과거의 관계 경험에 매몰되지 않도록 그 안에서 빠져나와야 합니다. 나와 아이 관계를 지금 떠올려 봅니다. 그리고 엄마에게 받았던 상처가 내 아이와 나의 관계에서 반복되지 않도록 다시금 마음을 다집니다. 한편으로는 그럴 수밖에 없었던 엄마를 생각하며 이해해보려고도 합니다. 다 이해하지 못해도 괜찮습니다. 그냥 잠깐 멈추어 서서 부족하더라도 괜찮은 나 자신을 토닥이는 것이 중요합니다.

아이와 좋은 관계를 맺기 위해서 그 무엇보다 중요한 것은 나의 애착과 어린 시절 경험을 돌아보고 현재의 내 성격과 자녀와의 관계에 미친 영향력에 대해 생각해보는 것입니다. 내 아이와의 애착이 벌써 끝난 거 아니냐고요? 그렇지 않습니다. 생후 3년 동안의 애착이 중요하지만, 우리에게는 두 번째 기회가 있습니다. 사춘기 지금, 이 순간, 엄마와 아이가 함께 지내는 이 시기도 관계를 재정비할 수 있는 황금기입니다.

사춘기, 제2의 탄생기입니다. 앞서 언급했듯이 지금 이 시기 아이들의 뇌는 폭풍 성장을 거듭하며 경험한 것은 남겨두고 경험하지 않은 그것은 가지치기하고 있습니다. 폭풍우 몰아치듯 요동치는 사춘기 시기에 엄마와 긍정적인 정서 경험을 맺는 아이들 안에는 충분히 좋은 엄마와 맺은 따뜻하고 긍정적인 정서 경험이 남게 될 것입니다.

그러니 우리 아이가 사춘기인 이 시기에, 먼저 나의 애착 경험을 되돌아보는 시간을 갖는 것은 어렵고 힘든 과거 상황들을 극복하는 열쇠가 될 수 있습니다. 나의 애착을 살펴보는 것만으로도 아이와의 관계에서 "나"에 대해 풀리지 않았던 의문들이 해결됨을 많이 느낄 수 있을 것입니다. 애착 유형은 안정 애착, 불안 애착, 회피 애착, 혼란 애착, 과잉 애착으로 나눌 수 있습니다. 앞으로 우리는 그림책과 함께 각 애착 유형을 만나는 여정을 떠나고자 합니다. 나의 애착 경험으로 함께 들어가 보실까요?

부모의 이루지 못한 삶만큼

주변, 특히 그들의 아이들에게

심리적으로 강한 영향을 주는 것은 없다.

_카를 구스타프 융(Carl Gustav Jung)

애착 유형 검사(Hazen & Shaver, 1987)

※ 인터넷 검색을 통해 무료로 좀 더 자세한 검사를 할 수 있습니다.

다음 중 어느 진술이 나와 가장 가깝다고 생각하나요?

안정형(secure)

- 비교적 쉽게 다른 사람들과 친해지는 편이다.
- 내가 남편이나 가까운 사람에게 의지하거나 남편이나 다른 사람이 나에게 의지하는 것이 불편하지 않다.
- 혼자 지내거나 남들이 나를 받아들이지 않는다고 해서 크게 걱정하지는 않는다.
- 남편이나 가까운 사람이 나를 버릴까봐 두려워하거나 너무 가까워지는 것에 대해 별로 걱정하지 않는다.

불안형(anxious)

- 사람들과 정서적으로 완전히 친밀해지기를 원하지만, 사람들은 내가 원하는 만큼 가까워지기를 주저하는 것 같다.
- 때때로 내가 남편이나 가까운 사람을 소중하게 생각하는 만큼 그들이 나를 소중하게 생각하지 않을까 봐 염려스럽다.
- 남편이나 가까운 사람과 완전히 하나가 되고 싶지만 나의 이런 바람은 가끔 그들을 두렵게 하는 것 같다.
- 남편이나 가까운 사람이 나를 사랑하지 않거나 나와 함께 있고 싶지 않을까봐 종종 걱정한다.

회피형(dismissing)

- 사람들과 친해지는데 약간 불편하다.
- 독립심과 자기 충족감을 느끼는 것을 중요하게 생각한다.
- 사람들을 완전히 믿고 의지하는데 불편함을 느낀다.
- 남들과 너무 가까워지면 예민해진다.
- 남편이나 가까운 사람은 내가 느끼는 편안함보다 더 친밀해지기를 나에게 바란다.

혼란형(disorganized)

- 대인관계에서 혼란스러운 감정에 휘말리기 쉽다.
- 친밀한 관계, 애정을 갈구하면서도 멀어지고 싶은 마음이 양가적이다.
- 폭력적 행동, 감정 조절의 어려움을 보인다.

과잉형(over)

『Hazen & Shaver가 언급하진 않았으나 최근 부모들에게 자주 발견됨』

- 자녀에게 지나친 간섭을 보인다.
- 자녀가 좌절을 경험하는 것이 너무 불안하다.
- 자녀에게 닥친 어려움을 내가 먼저 해결해주려고 한다.

우리는 언제나 다시 만난다는 엄마의 고백처럼 안정감을 주는 말이 또 있을까요? 아이가 자라면서 엄마와 조금씩 떨어질 수밖에 없는 상황들이 펼쳐집니다. 하지만 엄마는 헤어짐에 힘들어하는 아이에게 우리는 언제나 다시 만난다는 것을 계속해서 알려줍니다. 그리고 늘 그 자리에서 아이를 기다리고 있지요. 엄마가 없어 불안했던 아이는 이내 엄마와 다시 만난다는 것을 경험합니다. 우리 아이는 이렇게 든든한 엄마를 버팀목 삼아 세상을 향해 한 걸음씩 나아갑니다. 그렇게 성장합니다.

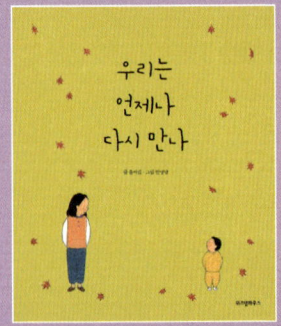

우리는 언제나 다시 만나
윤여림 글 | 안녕달 그림 | 위즈덤하우스

제3화

이만하면
충분히 좋은 당신에게

엄마와 아이 : 우리는 언제나 다시 만나

"그때부터 우리는 조금씩 알아가고 있었던 거야.
잠깐 서로 못 본다고 하더라도
아무 일 없이 꼭 다시 만난다는 걸"

유치원에서 선생님, 친구들과 처음으로 1박 2일 캠프를 떠난 아이를 기다리며 엄마는 추억에 잠깁니다.

행여 무슨 일이 생길까 두려워 잠시도 곁을 떠나기가 힘들었던 신생아 시절, 까꿍 놀이 중에도 엄마가 보이지 않으면 불안해 울

다가 갑자기 나타난 엄마 얼굴에 까르르 웃던 시절. 어느덧 자라나 유치원에 가게 된 첫날, 엄마 옷을 붙잡고 늘어지며 펑펑 울었던 그날. 수없이 떼를 쓰다가 겨우 올라탔던 유치원 버스. 그리고 아이가 우리는 항상 다시 만나리라는 것을 마침내 알게 된 순간까지….

엄마는 하나하나 회상하며 캠프를 떠난 아이를 기다립니다. 처음으로 엄마랑 긴긴 시간을 떨어져 홀로 캠프를 간 아이도 걱정되지만, 사실 더 허전한 마음이 드는 건 엄마였습니다.

처음으로 아이가 어린이집이나 유치원에 간 날을 기억하나요? 아이가 태어나고 오순도순 함께했던 날들이 지나고, 어느덧 일터로 돌아가야 하는 날이 다가왔습니다. 누구의 도움을 받을 수 없었기에 아이는 두 돌이 채 되기 전 어린이집을 갔습니다. 한 주간 엄마와의 적응 기간을 잘 보내고, 드디어 오롯이 아이 혼자 들어가야 하는 날이 되었습니다. 아이는 새파랗게 겁에 질린 표정으로 엄마 옷이 늘어질 때까지 붙잡았습니다. 무서워하는 아이를 어찌어찌 달래고 아이는 선생님에게 안겨 겨우 어린이집 안으로 들어갔습니다.

울던 아이가 어찌나 눈에 밟히던지 집에 돌아가지 못한 채, 한참 동안 어린이집 주변을 뱅뱅 돌며 배회했습니다. 계속되는 아이의 울음소리에 어린이집 문을 벌컥 열고 아이를 안고 뛰쳐나오고 싶은 마음이 목까지 가득 찼습니다. 아이가 견디는 만큼, 저도 견뎌야 하는 시간을 보냈던 거죠. 아이가 잠잠해질 무렵, 겨우 발걸음을 돌렸습니다. 잘 적응하고 있을까? 이제 조금 괜찮아졌을까? 엄마 없이 무섭진 않을까? 선생님, 친구들과 잘 지낼까? 내 욕심 때문에 어린아이를 힘들게 하는 건 아닐까? 생각이 꼬리에 꼬리를 물었습니다. 어린이집 갈 채비를 하느라 엉망진창이 되어버린 방처럼, 내 마음도 온통 엉망진창 되어버린 듯했습니다. 아이가 오기 전에 깨끗이 청소를 하려고 했지만, 아무것도 할 수 없었습니다. 겨우겨우 버티고 견뎌 하원 시간이 되자마자 한걸음에 달려 나갔습니다. 아이는 언제 울었냐는 듯, 기분 좋은 미소로 나를 맞이해 주었습니다. 하지만 다음 날 아침, 또다시 반복이었죠. 그렇게 수도 없이 반복되는 쓰디쓴 이별과 만남 속에서 저와 아이는 배워나갔습니다. 우리는 헤어져도 언제나 다시 만난다는 것을….

관계 맺고자 하는 것은 우리 인간의 아주 본능적이고도 근본적인 욕구입니다. 그렇기에 소중한 사람과 헤어진다는 것은 너무나도 견디기 힘든 좌절입니다. 엄마에게 전적으로 의지하고 있는 아기는 자다가 깨서 엄마가 옆에 없으면, 마치 엄마가 완전히 사라진 것처럼 세상 떠나가라 발악하며 울어 댑니다. 그 울음소리에 깜짝 놀란 엄마가 달려와 아이를 들어 올려 안아봅니다. "괜찮아.

괜찮아. 많이 놀랐구나. 괜찮아"라고 말하며 토닥여 줍니다. 수도 없이 반복되는 찰나의 순간에서 아이는 엄마가 잠깐 없어도 다시 만난다는 것을 배웁니다. 그리고 마침내 엄마와 반나절을 떨어져 있어도 견딜 만큼 자라납니다. 그렇게 조금씩 아이는 엄마에게서 멀어지는 연습을 합니다.

 이처럼, 안정적인 애착이라는 것은 엄마와 함께 있든, 함께 있지 않든 엄마는 나에게 다시 올 것이며, 여전히 나를 사랑한다는 것을 아는 믿음으로부터 시작됩니다. 엄마가 지금 당장 내 눈앞에 없지만, 잠시 후 따뜻한 엄마를 다시 만날 수 있다는 것을 믿게 되면, 아이는 큰 불안 없이 엄마를 기다릴 수 있습니다. 엄마와 다시 만날 것을 아는 아이는 비록 엄마가 내 옆에 없더라도 지금, 이 공간에서 즐겁게 생활하며 놀 수 있습니다. 아이가 건강하게 성장해나가기 위해 안정 애착은 그 무엇보다 중요하고 또 필요합니다.

안정 애착의 특징

 애착을 평가하기 위해 메리 에인스워스는 낯선 상황 실험을 진행했습니다. 실험을 위해, 두 개의 의자와 아이가 가지고 놀 수 있는 다양한 장난감이 있는 특수한 방에 엄마와 아이가 함께 들어오게 한 후, 낯선 어른이 들어옵니다. 잠시 후 엄마가 아이를 그 자리에 두고 잠깐 다녀온다고 이야기하고 방을 떠납니다. 3분 후에 엄마가 들어와서 아이와 다시 만납니다. 그리고 엄마가 다시 방을 나가고 낯선 사람도 나갑니다. 아이는 혼자 남게 되는데, 이때 엄마가 돌아와 두 번째 재회가 이루어집니다. 애인스워스는 두 번째 엄마를 만났을 때, 아이의 반응을 보며 애착 유형을 나눕니다.

안정 애착을 가진 아이들은 엄마와 분리되기 전 방과 장난감을 탐색합니다. 장난감을 가지고 놀다가 엄마가 방을 떠났을 때, 놀라는 반응을 보이며 엄마를 찾습니다. 낯선 사람보다 엄마를 확실히 더 좋아하고, 엄마와 다시 만났을 땐 보통 안아주거나 손을 잡는 등의 신체적 접촉을 먼저 합니다. 그리고 놀랐던 마음을 쉽게 진정하고 놀이로 돌아가는 모습을 보입니다. 엄마는 아이가 울면 재빨리 들어 올려 부드럽고 조심스럽게 안아주지만, 계속 안고 있지는 않습니다. 아이의 마음을 민감하게 알아차리고, 아이가 안겨 있고 싶어 하는 동안만 안아줍니다.

이처럼 안정 애착을 맺은 아이의 엄마는 아이의 신호에 민감하게 반응합니다. 아이가 엄마의 안전과 보호를 원할 땐 사랑스럽게 반응합니다. 아이가 불만스러워하거나 공격적일 때는 만족할 만한 방법으로 잘 대처해줍니다. 엄마는 아이 욕구에 적절하고, 즉각적이고, 일관성 있는 반응을 보입니다.

그렇기에 엄마와 안정 애착을 형성한 아이들은 정서적으로 안정되어있고, 자기와 타인 그리고 세상을 신뢰합니다. 엄마를 안전 기지(secure base)로 삼아 주변을 잘 탐색합니다. 심리적으로도 행복하고, 어려운 상황에서 자기 스스로 진정할 수 있는 능력을 갖게 됩니다. 또한, 매사에 호기심이 많고 집중력이 좋습니다. 설사 어렵고 힘든 일이 닥친다고 하더라도 엄마가 도움을 줄 것이라고 확신하며 용기 있게 세상을 탐색하며 나아갑니다. 안정 애착을 통해 바탕이 된 나의 이미지는 '괜찮은 사람'이기에 힘든 일도 툭툭 털어내고 이겨낼 수 있습니다.

안정 애착의 아이는 상처받는 일이 있더라도 그 속에서 괜찮음을 찾아내며 견뎌볼 만할 힘을 지닙니다. 이것을 심리학적으로 '대상 항상성(Object Constancy)'이라고 부릅니다. 대상 항상성이란 어떤 대상에 대한 일관된 감각을 유지하는 것을 의미합니다. 대상 항상성이 잘 자리 잡힌 사람은 대상과 관련하여 조금은 실망스럽고 좌절되는 일이 발생하더라도 이전의 좋았던 기억을 떠올리며 관계를 회복할 수 있습니다. 그러기 위해서는 나에게 충분히 좋은 대상과의 유대 경험이 있어야 합니다. 주로 엄마겠죠. 엄마로부터 받은 이만하면 괜찮은 사랑과 신뢰의 경험은 엄마에 대한, 그리고 더 나아가서 사람과 세상에 대한 충분히 좋은 대상 항상성을 갖게 합니다.

안정 애착 : 나의 엄마는 어떠했나요?

그렇다면, 나의 엄마는 어떠했나요? 엄마를 한 번 잠잠히 떠올려 보시길 바랍니다. 엄마는 나에게 안정감을 주는 존재인가요? 어렵고 힘들 때, 가장 먼저 품에 달려가 안기고 싶은 존재가 엄마였나요? 내가 불안하고 무서워 울고 있을 때 나의 엄마는 나에게 안정과 위로를 주었나요? 나의 엄마는 기분이나 상황에 따라 달라지지 않고 나에게 일관된 모습으로 사랑을 표현해주었나요? 만약 그렇다면…. 추운 겨울날 포근한 이불속에서 따뜻해지고 포근해지는 것처럼, 엄마를 떠올리면 내 마음이 따스함과 평온함으로 가득 차오를 것입니다.

내가 맺고 있는 관계도 이와 같습니다. 나 자신을 좋아하고 다른 사람도 나를 소중히 여길 거라고 믿나요? 그렇다면 자신에 대해서 좋은 사람이라는 인식이 있고, 어딘가 자신감이 있어 보일 것입니다. 타인과의 관계에 있어서도 비교적 쉽게 친해집니다. 혹여나 내가 도움이 필요할 때, 스스럼없이 도움을 요청할 수 있습니다. 다른 사람은 흔쾌히 나의 도움을 응할 것이라 생각하기 때문이죠. 또는 누군가가 나에게 부탁을 하거나, 나에게 의지하는 상황이 생기더라도 어렵지 않을 것입니다. 혹여 어쩔 수 없는 상황에 놓여, 혼자 지내거나 남들이 자신을 받아들이지 않는다고 해도 과도하게 걱정하지 않습니다. 애착 이론에서는 이러한 모습을 '안정 애착'이라고 부릅니다.

안정적인 애착이 형성된 성인은 친밀감과 독립성이 잘 균형 잡힌 삶을 살 수 있습니다. 다시 말해 너무 의존적이지도, 그렇다고 다른 사람과의 관계를 끊은 채 너무 독립적으로도 살아가지 않습니다. 사람들과 함께 어울려 조화롭게 살아갈 수 있는 능력이 있습니다. 누군가가 나를 화나고 슬프게 했다고 해서 그 관계를 끊어버리지 않습니다. 힘들고 어려운 일이 생겼지만, 그럼에도 불구하고 이 속에서 '괜찮았던 기억'을 유지할 수 있는 능력이 있기 때문입니다. 이러한 모습은 자신과 타인에게 안정감과 신뢰를 선사한답니다.

아이와 나 : 안정 애착을 위하여

"언젠가 네가 더 멀리 떠나고
엄마는 집에 남아있을 날이 오겠지?
그래서 아주 아주 오랫동안
떨어져 있을 날도 오겠지? 그래도 괜찮아."

육아의 목적은 아이를 잘 독립시키기 위함이라는 말이 있습니다. 이 말은 아이를 잘 떠나보냄이라는 말이기도 하지요. 어쩐지 상상만 해도 마음이 서글퍼지지만 언젠가는 일어날 일이겠지요. 본격적으로 사춘기에 들어서면서부터 엄마를 멀리하는 아이를 보기만 해도 마음이 시큰거립니다. 그런데 아예 제 살길 찾아 집을 떠난다고 생각하니, 마음 한구석이 벌써 허전합니다. 그림책에서도 엄마는 언젠가 떠나보낼, 떠나갈 아이를 생각합니다. 잠잠히 깊은 상념에 잠겼던 엄마는 말합니다. 그래도 괜찮다고…. 엄마와 아이는 다시 만날 것을 믿기 때문에 괜찮습니다. 아이는 엄마가 보고 싶어도, 엄마 옆에 있고 싶어도…. 꾹 참고 재미있게 세상을 누빌 것을 믿으니까, 괜찮습니다. 아이 못지않게 엄마도 아이가 보고 싶어도 꾹 참고, 재밌게 하루를 보낼 수 있을 테니 괜찮습니다.

  우리 아이에게 어떤 것을 물려주고 싶으신가요? 집, 돈, 화려한 스펙, 다양한 경험, 좋은 성적…. 어떤 것을 아이는 가장 필요로 할까요? 이 모든 걸 다 물려주면 좋겠지만, 이보다 더 중요한 게 있습니다. 그것은 바로 '안정적인 애착'입니다. 안정 애착을 선물받은 아이의 내면에는 사랑이라는 아주 비옥한 땅에 심긴 엄마라는 튼튼한 나무 뿌리가 있습니다. 비바람이 몰아쳐도 결코 쉽게 부러지지 않으며, 지칠 때 언제든 기대 쉴 수 있기에 크게 흔들리지 않고 자신감 있게 살아갈 수 있답니다.

아이에 맞춰 적절한 조율을 하며 양육하는 것은 여간 어려운 일이 아닙니다. 엄마가 아이에게 집중하여 민감하게 반응하기엔, 엄마의 하루도 무척이나 바쁩니다. 그래도 정말 다행인 사실은 아이는 우리가 생각한 것보다 훨씬 더 넉넉한 마음을 가졌다는 것입니다. 엄마가 좀 일관적이지 못했더라도, 바빠서 나에게 잘 맞춰 주지 않았을지라도, 엄마가 조금은 내게 둔감했더라도, 아이를 많이 사랑하고 노력했던 엄마라면 아이는 그 노력을 충분히 알아줍니다. 내가 느끼기에 충분히 좋은 엄마가 아니었더라도 괜찮습니다. 그럭저럭 괜찮은 엄마로 아이를 양육하였다면 아이는 건강하게 자랄 수 있습니다. 다만 뒤이어 나올 불안이나 회피, 혼란, 과잉 애착을 일으키는 부정적인 경험이 아주 컸다면 이야기는 조금 달라지겠지만, 보통의 괜찮은 엄마에게서는 그럭저럭 괜찮은 안정 애착이 형성됩니다.

그러면 제2의 탄생기라고 불리는 사춘기 아이들과 어떻게 안정적인 애착을 맺어 나갈 수 있을까요? 초기 애착 관계에서의 엄마 역할과 비슷하지만 성장한 아이에 맞춰 조금은 달라져야겠죠?
사춘기는 의존과 독립의 욕구가 대립하며 혼란스러운 시기입니다. 그러니 이 시기의 엄마는 아이에게 일관된 믿음을 주는 것이 가장 중요합니다. 사춘기 아이에게 중요한 엄마는 아이의 감정에 함께 요동하지 않으며, 아이가 필요로 할 때 기꺼이 곁을 내주고, 혼자 있고 싶어 할 땐 큰 불안 없이 자리를 비켜주는 엄마. 조언이 필요할 때 조언을 해 줄 수 있으며, 공감이 필요로 할 때는 그 마음을 잘 알아차려 돌려줄 수 있는 엄마입니다.

  무엇보다 가장 중요한 것은 오늘 엄마와 아이가 서로 참지 못하고 상처를 입혔을지라도, 엄마는 여전히 날 사랑하기 때문에 내일 다시 만나 회복할 시간이 있다는 것을 아이가 아는 것입니다. 안정 애착을 너무 어렵게 생각하지 마시길 바랍니다. 지금, 이 순간도 아이와의 좋은 관계를 위해 고민하고 애쓰는 것을 알고 있습니다. 이 모든 노력의 과정에서 우리 아이는 엄마로부터의 안정감을 느낄 수 있답니다.

  언젠가 우리도 아이를 떠나보낼 날이 오겠죠? 그때가 왔을 때, 아이가 많이 불안해하지 않았으면 좋겠습니다. 아이가 자유롭게 세상을 향해 자신을 마음껏 드러내고 행복하게 살아갈 수 있도록 온 마음을 다해 응원하고 싶습니다. 그러다 힘들 땐 언제든 엄마에게 기대어 쉴 수 있을 만큼, 아이와의 관계가 안정적이고 튼튼했으면 좋겠습니다. 변함없는 엄마라는 자리에서 사랑하는 내 아이를 믿어주고 응원하며, 언제나 꼭 품어 안아줄 준비가 되어 있는 그런 엄마가 되고 싶습니다.

"사랑하는 아이야,

세상을 훨훨 날아다니렴.

날다가 힘들어 쉬고 싶을 때 언제든 돌아오렴.

엄마가 꼭 안아줄게."

Q.

[당신의 꿈은 무엇이었나요?
어떤 사람이 되고 싶었나요?
그리고 지금은 어떤 꿈을 꾸고 있나요?]

여자아이가 웃으며 전화하는 엄마의 옆모습을 하염없이 바라봅니다. 축 처진 눈매와 삐죽거리는 입, 쭈뼛쭈뼛 서 있는 아이의 모습을 보니 엄마에게 서운한가 봅니다. 아니면 그림책의 제목처럼 자신에게 관심이 없는 엄마를 바라보며 외로움을 느끼는 걸까요? 이 그림책에서는 아홉 명의 아이가 등장하여 마음속에 꾹꾹 눌러 담았던 서운함, 외로움, 쓸쓸함을 이야기 합니다. 그 이야기 속으로 들어가 볼까요?

너도 외롭니?

윤지연 글 | 최정인 그림 | 시공주니어

제4화

외로움과 공허 속에 흔들리는 당신에게

마음 깊이 자리 잡은 외로움

  그림책에 등장하는 아홉 명의 아이는 저마다 외로움을 심심함으로, 질투로, 그리움으로, 부끄럼으로, 그리고 눈물로 표현합니다. 어떤 아이는 동생에겐 예쁜 눈으로 말하지만, 자신에게는 미운 눈으로 말하는 부모님에게, 어떤 아이는 친구랑 전화하는 것만 좋아하고 자신에게는 계속 기다리라고 하는 엄마에게, 어떤 아이는 멀리 있어 자주 볼 수 없는 아빠에게, 어떤 아이는 항상 바빠 함께 식사하지 못하는 부모님에게, 어떤 아이는 부끄러워 친구에게 놀자고 말도 못하고 혼자 노는 자신에게, 어떤 아이는 멀리 이사 가버린 친구를 생각하며 속상하고 서운한 마음을 느낍니다. 유심히 바라보니 이 모든 감정은 '관계'에서 시작됩니다.

 이 중, 한 아이는 부모님과의 관계에서 더 많은 사랑과 관심을 기대했지만 채워지지 않았습니다. 친구와 더 가깝게 잘 지내고 싶었지만 여러 이유로 놀지 못하고 혼자가 되었습니다. 관계에서 느낀 서운함이 아이들을 외롭게 만듭니다. 외로움에 젖은 아이들의 시선은 항상 누군가를 향해있거나 무언가를 바라보고 있습니다. 함께하고 싶은 마음, 나를 더 사랑해주고 챙겨줬으면 하는 마음, 나에게 더 관심을 가져줬으면 하는 마음이 커질수록 아이는 외로움을 더 크게 느낍니다. 나도 모르게 희망을 품고 기대하는 마음이 생겨 더욱 외로워집니다.

 외로움은 온 시선이 '내'가 아닌 '타인'을 향하게 만듭니다. 아직은 연약한 아이들이기에 타인의 관심과 사랑이 더 필요하기도 합니다. 하지만 누군가는 어른인데도 불구하고 계속해서 외로움을 느낍니다. 항상 타인의 사랑과 관심에 집중하게 됩니다. 조금이라도 애정을 주지 않는 상황에서 견딜 수 없을 만큼 서운해지고, 사랑이 떠나갈까 늘 전전긍긍하고 불안합니다. 몸은 성장해서 어른이 되었는데 마음만은 아직도 어린아이에 머물러 있는 거 같습니다. 어떤 이유 때문일까요?

불안 애착의 특징

메리 에인스워스의 낯선 상황 실험에서는 엄마가 돌아왔을 때 반겼던 안정 애착 아이들과는 달리, 엄마가 있으나 없으나 불안해하는 아이들이 있었습니다. 불안 애착이라 불리는 이 아이들은 엄마와 분리되기 전부터 실험실과 낯선 사람을 지나치게 경계하거나 힘들어합니다. 엄마에게 집착하며 주변 탐색을 거의 하지 않습니다. 엄마가 실험실 상황에서 나갔을 때, 굉장히 당황하고 혼자 있는 것을 어려워하며, 놀이에 집중하지 못합니다. 엄마가 다시 돌아왔을 때 반가워하지만 동시에 몹시 화를 내거나 당황하며 엄마에게 매달리는 모습을 보입니다.

불안 애착 아이들은 엄마가 없을 때뿐 아니라 있을 때도 왜 이리도 불안해하며 엄마에게 매달릴까요? 이 아이들에게는 엄마가 나를 충분히 사랑한다는 신뢰가 없기 때문입니다. 불안 애착 아이들은 엄마가 관심을 줄 때는 너무 좋아하지만, 동시에 언제 내쳐질까 불안하고 두려운 양가감정이 있습니다. 그러니 아이들은 좋은 상태를 유지하고 싶어서 늘 엄마의 사랑에 집착하고 목말라하죠. 엄마의 품이 전적으로 필요한 어린 시절을 지나 청소년이 되어도 항상 다른 사람들의 애정에 주목합니다. 언제 자신이 받는 애정이 철회될지 몰라 마음 안에서 전전긍긍합니다. 관계가 좋다가도 조금이라도 서운함을 느끼면 아무것도 하지 못할 정도로 불안해집니다. 타인의 태도와 행동에만 초점을 맞추기 때문에 자기 자신만의 마음을 위한 공간이 없습니다. 사랑받기 위해서 더 달라붙는 행동을 하고 나이에 비해서 미숙해 보입니다. 어릴 땐 응석받이 같은 느낌을 주고 청소년이 되어서도 정서조절이 잘되지 않습니다.

불안 애착 : 나의 엄마는 어떠했나요?

 엄마가 있을 때나 없을 때나 늘 엄마의 사랑에 목말라하고, 관심을 받지 못할까 두려워하는 불안 애착 아이들의 엄마는 어떠했을까요? 불안 애착 아이들의 양육자는 상황에 따라 수시로 자주 바뀌며 아이들에게 안정된 경험을 주지 못했을 가능성이 큽니다. 아이들은 어릴 때 갑자기 관계 단절의 트라우마를 경험했기에 이러한 경험을 다시 하게 되진 않을까 두려워합니다. 이런 경우가 아니더라도 이들의 엄마는 지독히도 감정적이었을 수 있습니다. 계속해서 감정에 따라, 자기 마음에 따라, 상황에 따라 아이에게 과도한 애정을 주었다가 주지 않았다가를 반복합니다. 어떨 땐 지나치게 간섭했다가 어떨 땐 무관심합니다. 이렇게 일관적이지 않은 엄마로부터 아이는 극도의 혼란을 경험합니다.

처음부터 일관되게 관심과 사랑을 받지 못했던 회피 애착 아이들과는 달리 엄마와의 좋았던 경험도 있었기 때문에 애정을 갈구합니다. 엄마와의 좋았던 경험은 아이에겐 너무나도 달콤한 사탕과도 같기에 절대로 놓치고 싶지 않습니다. 이미 좋은 것을 맛보았기 때문에 애정이 철회된 듯한 지금 이 상황을 견딜 수가 없습니다. 계속해서 끊임없이 나에게 사랑을 주었으면 좋겠습니다. 계속해서 엄마와 달콤한 관계 속으로 다시 들어가고 싶습니다. 그러니 온종일 엄마에게만 집중합니다. 엄마에게 집착하고 매달리면서 어떻게 해서든 엄마의 사랑을 받고 싶어서 처절하게 노력합니다. 그러다 보니 내가 점점 사라집니다.

성장해서도 이들은 정서적으로 '완전한' 결합을 원합니다. 사랑받고 사랑하는 행복한 관계에서도 상대방은 나를 언제든지 떠날 수 있다고 생각하며 불안해합니다. 자연스럽게 관계에 지나치게 몰입하고 집착하게 됩니다. 자신의 행복은 상대방의 태도에 달려 있다고 생각합니다. 상대를 우상시하고 눈치 보고 맞춰 주려고 합니다. 관계에 대해서 느껴지는 정서를 과장하면서라도 관심을 받길 원합니다. 혹시라도 상대방에게 거절감을 느끼더라도 모두 자신의 책임으로 돌립니다. 상대방을 더욱 이상화하며 다시 관심을 받기 위해 몸부림칩니다.

관계에 대해 늘 불안한 이들의 사랑은 상대방에겐 너무 강렬하여 부담스럽게 느껴집니다. 융합된 형태의 사랑 안에서 숨 막히듯 답답함을 느끼기도 합니다. 매달리듯 사랑을 해야 사랑을 한다고 느끼는 불안 애착 사람들은 자신이 원하는 만큼 다른 사람이 가까워지기를 꺼리는 것 같다고 생각합니다. 그 어떤 관계에서도 100% 완전하고도 가까운 결합을 한다는 건 불가능한 일인데도 말이죠. 세상에 갈등 없는 관계가 어디 있나요? 세상에 갈등 없는 사랑이 어디 있나요? 성장해서도 항상 불안한 마음을 품고 관계를 맺다 보니 정서가 불안정할 수밖에 없습니다.

엄마가 된 지금도 자식에게 일관되게 애정을 주기 어렵습니다. 실제로 관계에서 느끼는 안정감이 무엇인지 잘 모릅니다. 그나마 아기가 어릴 땐 대부분 엄마와 꼭 붙어 있고, 엄마가 하자는 대로 하고, 대체로 엄마 말을 잘 듣기에 그럭저럭 괜찮습니다. 그런데 아이가 클수록, 특히 사춘기에 접어들수록 마음이 너무 괴롭습니다. 내 품을 떠나려고 하는 아이, 나에게 반기를 드는 아이, 나와 대화하지 않는 아이…. 사춘기 특성임은 알지만 계속해서 엄마 마음이 시리고 불안합니다. 내가 뭘 잘못한 건 아닌지 끊임없이 나를 돌아보게 되고, 아이의 행동 하나하나에 지나치게 집중하며 의미를 부여하게 됩니다. 그러다가 나도 모르게 어느 작은 부분에서 아이에 대한 서운함이 터져 나와 감정을 쏟아부을 때도 있습니다.

지랄발광 사춘기 ◇◇◇◇ 흔들리는 사십춘기

나의 엄마처럼요…. 그리고 나 역시 내 감정을 꾹꾹 참다 터트려 버리는 것 외에는 잘 처리하거나 대처해본 적이 없습니다. 내 불안이 너무 크다 보니, 아이의 고통과 분노에도 제대로 대처할 수가 없습니다.

사춘기가 된 아이를 바라볼 때 이대로 우리 관계가 끝나버리는 건 아닌지 과도하게 염려되고 불안하기도 한가요? 남편을 포함한 다른 관계에서도 항상 관계가 끝나게 될까 봐 눈치 보며 전전긍긍하진 않나요? 나의 엄마를 떠올렸을 때 너무 좋지만, 한편으로는 너무 서운한 마음이 동시에 들기도 하나요? 함께 있어도 불편하고 외로운가요? 만약 당신이 "그렇다"라고 대답한다면 관계에서 상당한 불안정감을 느끼는 불안정 애착일 가능성이 큽니다. 그렇다면 어떻게 해야 할까요? 이미 성인이 돼버린 나…. 계속 이렇게 불안하고 전전긍긍하는 관계를 맺고 싶지 않습니다. 적어도 우리 아이에게는 이런 불안한 마음을 물려주고 싶지 않습니다. 사랑하는 아이들을 키우는 엄마이기에 한층 더 나아지고 성장하고 싶습니다.

외로움에서 벗어나
: 내 존재만으로도 적당히 괜찮음을 느껴보세요

그림책의 아이들을 다시 만나볼까요? 이들 역시 관계에서 느끼는 불안정감으로 인한 외로움을 호소합니다. 어릴 때는 관계가 불안정할 수밖에 없습니다. 혼자서는 살아남을 수 없는 나약하고 연약한 존재니까요. 양육자인 엄마, 아빠에게 의존할 수밖에 없습니다. 만약, 나에게 아무런 설명도 해 주지 않고 계속 환경이 바뀌었다면…. 어떤 이유였든 내 소중했던 관계가 단절되었다면…. 내 세상의 전부였던 엄마가 자신의 기분대로 행동했다면…. 아이였던 나는 얼마나 불안했을까요? 그리고…. 혼자서 얼마나 외로웠을까요? 아이에게 있어 엄마라는 존재는 나무의 뿌리와도 같습니다. 그 뿌리가 바람이 부는 대로 마구 흔들린다면 나무 역시 맥을 추리지 못하고 흔들릴 수밖에 없지요.

그렇다면 오랜 시간 지독히도 날 괴롭혔던 관계에서 느끼는 불안함, 그리고 이 지독한 외로움에서 어떻게 회복될 수 있을까요? 그 방법은 바로 '나'에게 초점을 맞추는 것입니다. 어떻게 나에게 초점을 맞춰야 할까요? 그림책 아이들의 모습에서 배울 수 있습니다. 아홉 명의 아이는 릴레이 형식으로 저마다의 속마음을 친구에게 말합니다. 친구의 속마음을 들은 아이들은 있는 그대로 그 마음에 공감해줍니다.

"맞아!", "아휴, 정말 속상하겠다."
"나도 그 마음 알 것 같아"
"나도 친구 때문에 속상한데"

다 커버린 어른이 된 지금, 공감할 줄 모르는 엄마에게 이제 와서 공감을 해달라고 투정 부릴 수 없습니다. 애원할 수 없습니다. 그렇다면 누구에게 나의 이 공허하고 외로운 마음을 공감받을 수 있을까요? 그것은 바로 '나'입니다. 다른 사람들, 심지어 우리 엄마 역시 나의 마음을 완전히 공감해주지 못했습니다. 완전히는 아니더라도 내 마음을 일관되게 알아주고 공감해주지 못했습니다. 그래서 내 마음 깊은 곳은 더욱 외로웠을지도 모릅니다.

물론 내가 받아본 적이 별로 없어 '공감'이 무엇인지 어떻게 해야 하는지 잘 모를 수도 있겠죠. 하지만 다른 사람의 도움을 받아야만 했던 어린아이가 아닌, 이제 나는 스스로 내 마음을 안아줄 수 있는 어른이 되었습니다. 무엇보다 내 마음을 가장 잘 알 수 있는 사람은 바로 '나'입니다. 이제 나는 내 마음을 누구보다도 더욱 잘 알아주고 공감해줄 수 있습니다. 어려울지라도 나에게 시시때때로 올라오는 여러 감정을 "○○야! 그럴 수밖에 없었어. 내가 내 마음을 알아줄게"라고 말하며 토닥여 주어야 합니다. 불안하면 불안한 대로, 외로우면 외로운 대로, 서운하면 서운 한대로…. 그 어떤 감정도 다 괜찮습니다.

그리고 그림책의 아이들처럼 다른 사람의 기분을 살피고 남이 나에게 어떻게 해 주기를 기대하는 것보다, 나는 어떻게 하면 기분이 좋아질지, 이 상황이 나아질지를 생각해보면 어떨까요? 성인인 나는 타인의 인정과 사랑을 좀 받지 못하더라도 그럭저럭 살아나갈 수 있습니다. 때로는 지독히 외로울지언정 그래도 버텨볼 힘을 기를 수 있습니다. 가장 중요한 것은 관계 자체에 집중하기보다는 '내가 어떻게 하면 마음이 괜찮아질지' 자신만의 방법을 찾아보는 일입니다.

아이가 나에게 소리를 지르고 방문을 쾅 닫고 들어갔을 때, 아주 많이 화나고 서운하고 야속할 겁니다. 불안하고 지독히 외로운 감정까지 밀려올 수 있습니다. 이 순간, 오매불망 아이와의 관계만 생각하고 어떻게 해야 할지 아이의 눈치만 살피는 것은 나를 더 불안하게 합니다. 관계에서는 좋을 때도 있지만, 좋지 않을 때도 있다는 것을 인정하며 내 마음의 중심을 잡고 찬찬히 들여다보시길 바랍니다. 관계에서 서운함이 생겼을 때라도 견뎌보는 힘, 다시 괜찮아질 때까지 기다려보며 내 일상에 집중할 힘을 차츰 길러보는 거죠. 내 마음을 다잡으며 집안일이든, 취미생활이든, 그 무엇이든 내가 할 수 있는 것에 집중하다 보면 아이는 어느새 내 옆에 멋쩍게 다가와 "엄마 배고파요"라고 이야기할 겁니다.

갈등이 있고, 서운하고, 외로우면 어때요? 우리 인생이 다 그런걸요. 좋은 것과 싫은 것, 행복했던 경험과 힘들었던 경험, 사랑했던 기억과 이별의 기억…. 이 모든 것이 한데 섞여 적절히 조화를 이루는 것이 우리네 인생임을 기억해주세요. 좋기만 한 관계는 계속해서 좋은 걸 유지해야만 해서 더 불안해질 수밖에 없습니다. 행복은 강도보다 빈도가 중요합니다. 강렬한 행복보다 소소한 행복을 조금씩 누리는 것이 우리의 마음을 더 행복하게 만들어줍니다. 사랑, 또한 마찬가지입니다. 강렬한 애정보다 소소한 애정을 조금씩, 지속해서 누리는 것이 우리의 마음을 더욱 풍요롭게 만듭니다. 대체로 좋은 관계 경험 속에서 동전의 양면과 같이 다가오는 좌절과 실망도 견뎌보며 이만하면 괜찮은 관계를 유지해보는 것, 이것이 관계가 주는 안정감입니다. 오늘도 성장해나가는 엄마의 모든 발걸음을 응원합니다.

그림책은 벽돌을 쌓아 올리는 한 아이가 등장하는 것으로 시작합니다. 친구들이 궁금해하며 관심을 기울여도 아이는 몰라도 된다고 대답합니다. 친구들이 같이하자고 다가와도 차곡차곡 혼자서 자신만의 공간을 만들어나갑니다. 위아래 양옆, 모두 벽돌로 둘러싸인 공간에서 아이는 무슨 생각을 할까요? 아이는 벽돌을 깨고 세상 밖으로 나올 수 있을까요?

난 혼자가 좋아

김지현 지음 | 좋은땅

제5화

혼자가 좋은
당신에게

벽돌로 둘러싸인 내 공간 : 난 혼자가 좋아요

"내 거야, 나 혼자 할 수 있어!
 상관하지 말고 저리 가란 말이야!"

『난 혼자가 좋아』에는 동그란 더벅머리, 빼빼 마른 한 아이가 나옵니다. 이 아이는 등장부터 예사롭지 않네요. 그 어떤 도구 하나 없이 두 손으로 무거운 벽돌을 하나하나 쌓아 올립니다. 벽돌이 여간 무거운 것이 아닐 텐데 도움을 요청하지 않습니다. 그뿐인가요. 하나둘 친구들이 다가와 이게 무엇이냐고 묻고, 도와줄 테니 같이 하자고 말해도 아이는 혼자 할 수 있으니 가라고 이야기합니다. 혼자서 문은커녕 창문 하나 없는 벽돌집을 만들어 안으로 들어가 버립니다. 바깥세상과 완전히 차단된 나만의 공간, 환한 빛도 차단된 그곳에서 소녀는 무슨 생각을 할까요?

누구에게나 가끔은 혼자만의 시간이 필요합니다. 특히 엄마에게는 더더욱 그러하지요. 아침에 정신없이 아이를 깨워 밥을 먹이고 학교에 보내고 나면 고요한 시간을 맞이하게 됩니다. 직장을 다니는 엄마라면 일하다 잠깐 즐기는 커피 한 잔의 여유, 주말에 찾아오는 나만의 자유 시간이 얼마나 달콤한지 모릅니다. 때때로 여러 가지 복잡한 문제들로 힘든 시기에는 혼자만의 공간에서, 혼자만의 시간을 갖고 싶습니다. 침착하고 고요하게 생각을 정리한 후, 힘을 얻고 다시 세상으로 나갈 수 있습니다. 하지만 사람은 대부분 감당하기 힘든 일을 만날 때 믿을만한 누군가에게 털어놓고 의지하고 싶어 합니다.

다른 사람들과 어울리기보다 혼자만의 공간에서 꽁꽁 자신을 숨긴 채, 유독 잘 나오지 않는 사람이 있습니다. 힘든 시간뿐만 아니라, 즐거울 때도, 좋은 일이 생겼을 때도 좀처럼 자신이 만들어 놓은 벽돌 공간 밖으로 나오지 않습니다. 처음엔 누군가 옆에서 물어보고, 두드려 보고, 함께하자고 손을 내밀지만, 그럼에도 불구하고 꼼짝도 하지 않습니다. 더벅머리 아이처럼 그렇게 자기만의 공간으로 들어가 숨어버리죠. 자신이 쌓아 올린 벽돌집 밖 세상에는 전혀 좋거나 신나는 일이 없는 것처럼 꼭꼭 숨어버립니다. 아이는 어떤 경험을 했기에 이렇게 혼자만의 세상으로 들어가 버린 걸까요?

회피 애착의 특징

앞서 언급한 메리 에인스워스의 낯선 상황실험으로 다시 돌아가 볼까요? 엄마가 나갔을 때 놀라고, 다시 방으로 돌아왔을 때 반가워했던 안정 애착 아이와 엄마가 있으나 없으나 불안했던 불안정 애착 아이와는 달리 어떤 아이들은 엄마가 방에 있더라도 친밀한 접촉을 회피합니다. 엄마가 방을 떠나도 놀라거나 울지 않고 장난감이나 주변 환경에 집중합니다. 이 아이는 정말로 놀라지 않았던 걸까요? 아닙니다. 아이는 애써 괜찮은 척하지만, 신체적인 감각은 숨길 수 없었습니다. 심장박동이 꽤 상승했습니다. 하지만 아이는 놀라고 무서웠을지라도 티 내지 않았고 놀이에 집중했습니다. 엄마가 돌아와도 일부러 못 본 척하고, 엄마와의 접촉을 회피합니다. 엄마가 안아주어도 꼭 안겨 있기보다는 몸에 힘을 빼고 축 처져있었죠. 엄마 역시 실험실 안에서 아이에게 무관심한 듯 표정 변화가 없었으며 아이가 안으려고 할 때도 뒤로 물러나는 모습을 보였습니다.

 낯선 상황에서 엄마가 사라지면 속으로는 당황했지만, 겉으로는 전혀 티를 내지 않고 무심한 듯 놀이에 집중하려고 했던 아이들. 이 아이들이 바로 회피 애착 유형의 아이들입니다. 아이들이 보이는 모습이 바로 회피행동이라고 볼 수 있죠. 회피 애착이 형성된 아이들은 자신의 감정에 무관심하고, 자신의 감정을 억압합니다. 심지어 마음에 관심을 두지 않습니다. 다른 사람에 대한 긍정적인 기대가 없기에 담을 쌓고 점점 자신만의 세계로 들어가며, 결국 사회적으로 고립되기도 합니다. 내가 좋아하는 사람이 내가 다가가는 것을 거부할지도 모른다는 두려움으로 자신의 욕구를 억압하고, 관계에 있어서 정서적 거리를 둡니다. 하지만 관계의 욕구는 있기에 주변을 계속 맴돕니다. 정서를 느끼지 않는 것이 아니라 억압하기에 늘 부루퉁해져 있기도 합니다.

 그림책에서 누구도 들어오지 못하는 벽돌집을 짓고 그 안으로 들어가 버린 아이가 떠오릅니다. 그 안에서 무슨 일이 일어나는지 밖에서 전혀 알 길이 없습니다. 혼자가 익숙한 아이는 관심을 기울이며 다가오는 사람들에게도 "저리 가란 말이야!"라고 말하며 모진 말과 행동으로 거리를 둡니다. 단호하고, 여지도 두지 않는 아이의 행동에 친구들은 점차 멀리 떠나갑니다. 이제 이곳에는 벽돌집과 그 속에 갇힌 아이만 덩그러니 남습니다. 아이가 벽돌 속에서 하는 말을 들어보니 감당하기 힘든 슬픈 일이 생겼나 봅니다. 홀로 마음속 언저리에 자리 잡은 묵직한 감정 속을 헤엄쳐 나가 보고, 소리도 쳐보고, 엉엉 울어도 괜찮다고 합니다.

회피 애착 : 나의 엄마는 어떠했나요?

혼자만의 공간이 편안한 회피 애착의 사람들은 부모로부터 어떤 양육을 받았을까요? 이들의 양육자인 엄마는 아이에게 거부적이고 회피적일 확률이 높습니다. 즉, 엄마는 아이를 안고 입을 맞추는 등의 신체 접촉 자체를 힘들어합니다. 아이가 엄마를 안으려고 할 때도 피하거나 굉장히 무뚝뚝하게 반응합니다. 아이의 요구에 둔감하고, 아이의 리듬에 발맞추지 못합니다. 아이가 고민을 말하거나, 강렬한 정서 반응에 휩싸일 때도 적절히 대응하지 못하고 무시합니다. 아이가 슬퍼 보일 때는 위로하기보다 불편해하며 엄마의 감정표현을 더 억제하려 합니다. 아이를 외면한 채, 뒤로 물러납니다. 그러니 아이는 엄마가 없어도 익숙한 듯 저항하지 않고, 있어도 그렇게 크게 기뻐하지 않습니다.

겉으로는 평온한 상태를 유지하는 듯 보입니다. 하지만 백조가

물 위에서 우아한 모습으로 보이지만, 물아래에서는 끊임없이 발을 움직이듯이, 이들의 평온한 모습 저변에는 굉장한 노력이 있습니다. 왜냐하면, 회피 애착은 그 어떤 애착 유형보다 감정에 취약하기 때문입니다. 조금이라도 부정적인 감정이 드러나는 상황이 생기면 너무 무섭고 두렵습니다. 자신이 무너져 내릴 것만 같거든요. 그래서 감정을 느끼지 않으려고 엄청나게 발버둥 치며 애를 씁니다.

나에게 '사람'은 이야기해봤자 들어주지 않는 대상입니다. 나의 최초의 대상인 엄마가 그랬거든요. 엄마로부터 시작된 대상관계는 어린이를 지나 청소년, 성인이 된 후에도 비슷한 양상으로 나타날 수 있습니다. 지금은 내게 좀 친절하게 대할지라도, 우리 사이에 부정적인 감정이 들어온 이상 '너도 나를 귀찮아할 거야. 무관심하게 대할 거야. 그러다 버릴 거야'라고 생각합니다. 그러니 나에게 있어 세상은 안전하지 않습니다. 회피 애착을 경험한 사람은 춥디추운 세상의 한복판에서 나를 보호하기 위해, 오늘도 아무도 들어올 수 없게 튼튼한 요새를 세워갑니다.

익숙한 듯 보이지만 사실 아주 정성 들여 지은 튼튼한 요새 안에서 고립되어 지냅니다. 밖에서 일어나는 일 따위 전혀 개의치 않습니다. 마치 그림책에서 벽돌 안에 들어가 버린 아이와 같이 자신만을 생각합니다. 그러다 보니 밖에서 친구들이 내게 관심을 기울이는 것도 모릅니다. 비가 왔을 때 우산을 세워주었다는 것도 모릅니다. 그냥 그렇게 벽돌집 안에서 외부 세계와 단절된 채로 내 마음만 지킵니다. 외로울지 몰라도 최소한, 상처 받아 내가 무너지는 일은 없을 테니까요. 나를 지키기 위한 나름의 애씀입니다.

혹시 유달리 아이의 부정적인 감정을 보는 것이 힘든 분이 계시나요? 부정적 감정을 내게 표현했을 때 도대체 그걸 어떻게 해야 할지 알 수 없어서 끝내 외면한 경험이 자주 있나요? 아이가 내게 계속 붙어 있으려는 모습이 지나치게 불편하진 않은가요? 아이가 나이에 비해서 지나치게 독립적인 모습에 대해 염려되지만, 마음이 편하진 않은가요?

회피 애착을 형성한 사람은 어떻게 관계를 맺어야 할지 잘 모릅니다. 자식에게도 마찬가지입니다. 엄마가 자신을 대했던 모습으로 자기를, 그리고 내 아이를 대하기 때문입니다. 심리학에서 애착은 대물림된다고 합니다. 내가 아이를 대하는 모습이 지나치게 회피적이라면 내 부모 역시 나에게 회피적이었을 확률이 굉장히 높습니다. 내가 남들에게 의지하거나 누군가가 나에게 의지하는 것을 좋아하지 않는 만큼, 내 자식이 내게 의지하는 모습도 참 불편합니다. 아이에게 의식주는 최선을 다해 해 줄 수 있지만, '정서'가 얽히는 순간 도망가고 싶어질지도 모릅니다. 왜냐하면, 나는 친밀한 정서적 관계를 맺지 않고 지내는 것이 편안하거든요. '의존'보다는 스스로 알아서 하는 '독립'을 중요하게 생각합니다.

물론 부모의 중요한 역할 중 하나는 아이의 자율성을 키워주고 독립적으로 세상을 살아갈 수 있게 해 주는 것입니다. 하지만 이보다 더 중요한 것은 따스한 유대관계입니다. 아이는 엄마라는 존재를 통해 자신과 세상을 바라보기 시작합니다. 내가 마주했던 차디찬 세상보다는 조금 더 따스하고 밝은 세상을 아이에게 선사하고 싶은 것이 엄마의 마음입니다. 상처받지 않기 위해 꽁꽁 싸맸지만 그만큼 고단하고 외로웠습니다. 아이는 나보다는 조금 더 편안하게, 둥글게 그렇게 살아갔으면 좋겠습니다. 그래서 이제…. 나를 위해서, 그리고 무엇보다 내 아이를 위해서…. 나만의 벽돌집에 오갈 수 있는 작은 문 하나 내어보는 건 어떨까요? 사실 비바람이 몰아칠 때, 벽돌집 밖에는 서툴지만, 우산을 가져다 두는 이들도 있거든요. 어떤가요? 그래도 이만하면 괜찮은 세상일지도 모른다는 생각이 들지 않나요?

이만하면 괜찮은 '함께'를 향해

부정적인 감정으로부터 회피하며, 함께하는 친밀함보다는 혼자 있는 편안함을 택한 인생이었습니다. 지금까지는 크게 감정적으로 요동하는 일 없이 그럭저럭 잘 살아왔습니다. 그런데 아이를 만나는 순간 정말 많은 것들이 꼬입니다. 아이는 덩어리거든요. 사랑 덩어리, 애곳덩어리, 골칫덩어리, 문제 덩어리, 감정 덩어리…. 좋든 싫든 내 모든 감정을 끌어낼 수밖에 없습니다. 하물며 사춘기는 어떨까요? 폭발하는 감정의 소용돌이 속에 아이도 엄마도 같이 휩쓸려 정신없이 흔들리는 것이 당연한 시기입니다. 그런데 회피 애착의 아이와 엄마는 흔들리지 않는 척하는 걸, 참 잘합니다. 사실 마음은 누구보다 흔들리고 불안해서 요동치고 있겠지만요.

  감정은 무시한다고 없어지는 것이 아닙니다. 부정적인 감정은 더욱 그렇습니다. 내가 잊고 싶다고 해서 잊혀지지 않습니다. 어딘가 꼭꼭 숨어있다가 이상한 데서 터지는 것이 감정입니다. 그러니 감정을 숨기지 말고 바라봐야 합니다. "아~ 내가 슬프구나. 내가 화가 나는구나" 인식하는 것만으로도 크나큰 발전입니다. 그리고 감정을 마주하고 수용해봐야 이것 또한 지나갑니다. 괜찮습니다. 내가 마음먹은 것처럼 관계가 잘 안 돼서 아주 속상해도, 자녀가 내 마음을 몰라줘서 서운해도, 내가 사실 자녀에게 별로 좋지 못한 엄마일까 봐 두려워도…. 다 괜찮습니다. 감정을 느낀다고 해서 무너지지 않습니다. 이만하면 괜찮은 세상을 향해 어떻게 한 발짝 한 발짝 내디딜 수 있을까요?

  그림책의 아이를 통해 배워볼 수 있습니다. 아이는 먼저 자신의 감정을 마주했습니다. 답답한 마음에 큰 소리도 내어보고, 소리 내어 엉엉 울어도 봤습니다. 이렇게 아이는 감정을 피하지 않고 인정하며 느껴봅니다. 그랬더니 조금씩 다른 사람이 보입니다. 나만 생각했던 과거의 아이가 이제는 관계를 생각해볼 힘이 생겼습니다. 사실은…. 보고 싶고, 다가가고 싶고, 친해지고 싶은 자신의 속마음과도 마주합니다. 아까 그렇게 퉁명스럽게 친구들을 내쳤는데…. 그래도 용기를 내봅니다. 손가락도 꼼지락꼼지락, 입도 오물오물, 친해지고 싶다는 표현을 해봅니다. 서툰 표현에 아직 아이들이 알아주지 않습니다. 하지만 이렇게 조금씩 조금씩 연습하며 아이는 마침내 함께할 방법을 찾아냅니다. 벽돌집에 예쁜 노란색 물감으로 문을 만들고, 창문도 만들어봅니다. 그리고 마침내 알게 되지요. 세상은, 그리고 사람들은 내가 생각한 것만큼 나에게 위험하거나 무심하지 않다는 것을요. 내가 내딛는 용기의 발자국만큼 내게 다가와 줄 수 있다는 것을요.

　우리 엄마는 이게 참 어려웠었나 봅니다. 엄마와의 관계에서 우리 엄마는 왜 내게 그렇게 무심할 수밖에 없었는지, 왜 내게 한 번도 위로를 건넨 적이 없었는지, 내가 울 때 토닥여 주는 것이 왜 그리도 어려웠는지…. 엄마는 무서웠나 봅니다. 자신의 감정을 담아내지 못해 아이의 감정도 어떻게 담아내야 하는지 자신이 없었나 봅니다. 자신도 배우지 못해 아이에게 해 줄 수 없었을 겁니다. 하지만 나는 다릅니다. 나는 우리 아이에게 관심을 가질 수 있고, 위로해줄 수 있고, 아이가 힘들 때 토닥여 줄 수 있는 엄마가 될 수 있습니다.

  내가 엄마와의 관계에서 어떤 점이 어려웠는지, 무엇이 불편했는지, 어떻게 하고 싶었는지…. 잠잠히 한 번 생각해보시길 바랍니다. 이 과정에서 어떤 감정이 일어난다면 그 감정을 억압하거나 무시하지 말고 조용히 바라봅니다. 그 감정의 이름이 무엇인지 생각해보세요. 그 감정에 이름을 지어 보는 것도 좋습니다. 만약 어릴 때 엄마의 싸늘했던 눈빛이 떠오르고 그 속에서 움츠러든 나를 발견했다면 내가 느꼈던 감정은 외로움일 수도 있고 두려움일 수 있습니다. 아니면 또 다른 감정일 수도 있습니다. 사람마다 상황마다 느끼는 감정은 다르지만, 이것 하나는 분명합니다. 떠올린 감정이 힘들지만 그냥 잠잠히 놔둬도 나는 무너지지 않을 것이고, 결국 지나간다는 것이요. 오히려 그렇게 한번, 두 번, 그 이상 생각하고 받아들이고 자신을 스스로 위로할수록 날 어렵게 했던 감정이 조금씩 희미해진다는 것을 기억하시길 바랍니다.

  그렇게 내 마음을 들여다보는 만큼 아이의 마음이 궁금해질 거예요. 아이의 표정과 행동, 말에 더 집중하게 될지도 모릅니다. 그러면 한걸음 또 내디딘 겁니다. 서툴지만 하나씩, 천천히, 내 마음에 그리고 아이의 마음에 다가갈 수 있으면 좋겠습니다. 나와 아이에게 적절한 거리와 위로의 방법을 찾아 서로에게 무심한 것이 아닌 이만하면 적당히 따뜻한 그런 관계를 맺어 가면 좋겠습니다. 접촉을 회피하는 회피 애착 유형의 청소년기 아이에게는 친밀해지려고 재촉하지 않아야 합니다. 또한 예측할 만한 지지를 꾸준히 제공해주는 엄마 역할을 해야 합니다. 아이는 평가하는 엄마가 아니라, 어떤 말을 해도 언제나 한결같은 마음으로 자신의 말을 경청해 주는 엄마와 친밀해지고 싶을 테니까요. 나도 아이도 내 벽돌집만이 아닌 이 세상도 그럭저럭 안전하다는 것을 배워나가면 좋겠습니다. 이만하면 괜찮은 세상에서, 이만하면 따뜻한 사람들과 함께 어울려 살아가는 삶을 응원합니다.

 우리가 만나는 이 세상은 이만하면 괜찮은 '함께'가 존재하거든요.

Q.

[요즘 제일 행복한 순간은 언제였어요?
그 반대는요?]

눈을 감고 벌거벗은 몸으로 서 있는 남자아이가 있습니다. 벌거벗은 몸 안에는 주렁주렁 열매가 매달려 있네요. 빨간 열매, 푸른 열매, 회색 열매…. 이 열매들은 무엇일까요? 매일 밤 이 아이가 마주한 일상은 어땠을까요? 감당하기 어려운 일을 혼자서 견뎌내야만 했던 이 아이에게 어떤 일이 있었던 걸까요?

그렇게 나무가 자란다
김홍식 글 | 고정순 그림 | 씨드북

제6화

관계가 혼란스러운 당신에게

아빠가 심은 내 안의 나무

"아빠가 심은 내 안의 나무는 자라서 점점 커지고,
나는 또 다른 누군가에게 나무를 옮겨 심는다."

매일 밤 아빠는 아이에게 나무를 심습니다. 이 나무는 밤새 자라 점점 커집니다. 빨간색, 파란색, 회색…. 색색의 열매가 아이 몸에 맺힙니다. 아빠의 주먹을 그대로 닮아 동그란 열매들이 아이 몸에 삶의 흔적처럼 남아있습니다. 아이를 향해 날아오는 주먹은 마치 돌멩이와 같습니다. 이 돌멩이를 피할 길이 없어 아이는 두렵습니다. 때로는 기나긴 모양의 이상한 열매들도 맺힙니다. 열매 속에는 아빠의 이야기가 담겨 있습니다. 하지만 이 모든 일은 아빠와 아이만 간직해야 하는 비밀입니다. 이 비밀이 세상 밖으로 드러나는 날에는 아빠와 헤어져야 하기 때문입니다. 아빠 말로는 모든 아이 몸에 이런 열매들이 주렁주렁 열려 있다고 합니다. 아이는 아빠의 이야기를 굳게 믿고 그러려니 살아갑니다.

하지만 아이는 이 모든 것이 버겁습니다. 내게 생겨난 학대의 흔적만큼 분노가 쌓입니다. 이 분노를 혼자서 삭이기가 어렵습니다. 이 열매는 옆에 있는 개에게, 힘이 약한 친구에게 하나, 둘 옮겨갑니다. 아이는 어른이 되었습니다. 어른이 된 아이의 분노는 아이의 키만큼 자랐습니다. 그리고…. 이 학대는 자신의 아이에게까지 대물림되고 맙니다. 아이는 사람을 신뢰하지 못하며 관계에서 혼란을 경험합니다. 다른 사람이 나에게 다가오면 그대로 얼어붙거나 공격을 당하기 전 먼저 주먹을 휘두릅니다.

혼란 애착의 특징

『그렇게 나무가 자란다』는 학대의 아픔을 이야기하고 있습니다. 학대와 방임의 아픔을 간직한 이들은 혼란 애착 유형으로 볼 수 있습니다. 애착 유형을 분류하기 위해 낯선 상황 실험을 연구

했던 메리 에인스워스의 연구가 수행되고, 20년 남짓한 세월이 지난 뒤 그의 제자인 메리 메인(Mary Main)은 전통적인 애착 유형(안정, 불안, 회피 애착)에 속하지 않는 아이들을 발견했습니다. 이 아이들은 엄마와 헤어졌다 다시 만났을 때, 어찌할 바를 몰라 극도로 혼란스러워했습니다. 아이들은 넋을 잃을 것 같은 표정으로 양손을 들어 올린 채 얼어붙은 자세로 서 있습니다. 혹은 엄마에게서 등을 돌리거나 뒷걸음으로 다가갔습니다. 바닥에 앞으로 쓰러져 웅크리거나 심하게 울고 시선을 돌린 채로 몸을 뒤로 빼면서도 엄마에게 매달리기도 합니다. 한 아이는 엄마를 보는 순간, 손으로 입을 가리는 등 숨죽인 비명을 지르기도 했습니다. 아이들은 자신의 엄마를 다시 만났지만 일시적으로 뇌가 멈춘 듯 어떻게 해야 할지 몰라 혼란스러운 것 같습니다. 메리 메인은 이런 모습을 보이는 아이들을 혼란(disorganized) 애착 유형이라고 분류했습니다.

혼란 애착 유형의 아이들에게 애착 대상인 엄마는 자신이 의지할 유일한 대상이기에 안전한 피난처이자 동시에 위험의 근원으로 경험됩니다. 엄마가 떠난 후, 낯설고 긴장되지만 엄마를 찾지 않습니다. 엄마를 다시 만났을 때 엄마에게 다가가지도, 도망가지도 못하는 충동에서 아이는 그 자리에 꼼짝없이 얼어붙습니다. 2020년 온 국민을 울분의 도가니에 빠지게 했던 "정인이 사건"을 기억하나요? 정인이는 애착 대상인 엄마와 있지만 웃을 수도, 울 수도 없이 그저 얼어붙은 모습을 보였습니다. 가족들은 웃고 있지만 아이는 힘없이 늘어져 있었습니다. 아이가 죽기 전날, 어린이집에서 일어나 아빠에게 걸어가는 모습이 마치 도망가지도 못하고 모든 것을 체념한 채로 넋을 잃은 듯 했습니다. 이 모습을 본 우리는 그저 눈물을 흘릴 수밖에 없었습니다. 통곡하며 분노할 수밖에 없었습니다. 정인이에게는 끊임없는 학대와 방치가 있었기에 혼란 애착이 형성되었던 것으로 보입니다.

혼란 애착 상태의 아이들은 엄마가 없을 때도 찾지 않고, 엄마가 있을 때도 불안해하며 다가가지 못합니다. 그렇다고 도망가지도 못합니다. 엄마가 나를 사랑하는 방식이 폭력이 전부였다면 아이들은 그게 사랑인 줄 압니다. 학대를 당하는 강아지가 오줌을 질질 싸면서도 폭력을 행사하는 주인을 떠나지 못하는 것도 유일한 애착 대상이기 때문입니다. 아이에게도 폭력이 너무나 고통스럽지만 유일한 애착 대상이기에 그 곁에 머물 수밖에 없습니다.

『그렇게 나무가 자란다』에서처럼 폭력을 사랑으로 생각합니다. 텔레비전 속 아이들은 아빠도 없고 엄마도 없는데도 온몸에 열매가 가득 맺혀있다고 합니다. 그런 아이들보다 아빠라도 있는 내가 낫다고 생각합니다. 하지만 학대가 고통스럽기에 어찌할 바를 모르는 아이처럼 그대로 얼어붙습니다. 매일 같이 날아오는 돌덩이가 몸에도 마음에도 콕 박혀 존재 자체가 한없이 무너집니다.

혼란 애착 유형의 아이들이 청소년이 되면 어떤 모습일까요? 극심한 자기혐오에 시달리며 스스로 자신을 상처 내는 자해를 일삼기도 합니다. 엄마가 나를 폭력적으로 대했던 것처럼, 내가 나를 괴롭힙니다. 또한 엄마가 학대를 일삼으며 화를 냈던 것처럼, 일상생활에서 폭발적인 짜증을 내고 과도하게 감정을 분출해 관계에 문제가 생깁니다. 흔히 혼란 애착은 경계선 성격 구조와 연관이 깊습니다. 이성 친구를 사귈 때면 과도하게 귀여운 척 가장하며 의존하다가도 이성 친구의 사소한 행동에 불같이 화내며 헤어지고 또 다른 대상을 찾습니다. 또래 관계에서도 처음 친해진 친구를 최고라고 치켜세우며 집착하며 매달리다가도 한순간에 쓰레기 보듯 취급하며 욕하고 비난합니다. 누군가 자신을 버리기 전에 내가 먼저 관계를 끊어야 한다는 생각에 늘 불안함을 달고 살아갑니다. 때로는 『그렇게 나무가 자란다』의 아이처럼 어느새 나에게 행해진 폭력만큼 다른 이들을 괴롭히는 모습으로 살아가고 있을지도 모릅니다.

혼란 애착 : 나의 엄마는 어떠했나요?

당신의 엄마는 어떤 엄마였나요? 사랑이라는 이유로 당신을 너무 과도하게 몰아세우진 않았나요? 사랑의 매는 오로지 너를 위한 것이라며 공공연하게 폭력을 일삼진 않았나요? 나의 의지와 상관없이 태어난 삶임에도 원망하거나 거부하는 말들을 퍼붓진 않았나요? 아직 어린 나인데 어떤 돌봄도 없이 나를 없는 아이 취급하진 않았나요? 당신 또한 부지불식 중에 당신의 자녀를 함부로 대하며 언어적인 모욕을 가하진 않나요?

 엄마가 내 곁에 있어도 어찌할 바를 몰라 혼란스러워하는 혼란애착 아이들의 엄마는 가난과 정신질환, 알코올 중독 등으로 정서적으로 건강하지 못할 가능성이 큽니다. 가난으로 인해 지긋지긋한 생활이 너무나도 힘겨워 내 아이들을 사랑으로 돌볼 줄 모릅니다. 혹은 어려운 이 상황을 벗어나 어떻게든 성공하기 위해 자신을 채찍질하는 것도 모자라 아이들을 채찍질했을지도 모릅니다. 자식을 내 도구인 양, 내 화풀이 대상인 양 내 맘대로 주먹을 휘둘렀을지도 모릅니다.

 우리가 살았던 시대는 때리고 욕하는 부모 밑에서 자란 사람들이 많았습니다. '자녀교육은 사랑의 매로' 라는 가훈을 자랑스럽게 집안 곳곳에 붙여두고 아이들을 매로 때리곤 했습니다. 추운 겨울날 벌거벗은 채로 대문 밖으로 쫓겨났다는 이야기가 흔했습니다. 이 속에서 우리는 수치심과 분노를 경험했습니다.

 평소에는 이유 없이 소리를 지르고 폭력을 일삼던 나의 엄마를 용서했고 다 잊었다고 생각합니다. 하지만 때론 매서운 바람이 꽁꽁 여민 옷자락 속에 스며들어 소름 끼치듯, 꽁꽁 여민 내 안의 상처가 들춰지는 날에는 어김없이 휘몰아치는 분노 속에 잠을 못 이룰지도 모릅니다.

때로는 고스란히 내게 남은 엄마의 흔적이 자녀와의 관계 속에 재연이 될 때면 못내 마음이 아플 수도 있습니다. 섬뜩하리만큼 엄마를 닮아 앙칼지게 소리 지르며 아이에게 손찌검하는 내 모습이 소름 끼치도록 싫어 괴로운 날도 있을 것입니다. 엄마처럼 살지 않겠다고 다짐했지만, 그림책 속의 폭력을 일삼던 아빠처럼 자신의 아이에게 주먹을 휘두르며 후회하는 날도 있을 것입니다.

폭력은 또 다른 폭력으로 이어지고, 나의 아이는 또 다른 친구에게 폭력을 일삼습니다. 때로는 자신의 존재에 대한 공허감으로 마음 둘 곳이 없어 아이는 늘 흔들립니다. 잔잔하고 고요하게 흘러가는 강물에도, 살랑살랑 일렁이는 바람에도 존재 자체가 흔들려 공허 속에 살고 있을지도 모릅니다.

학교에서 상담을 하다 보면 자녀로부터 아동학대 신고를 당해 분한 마음을 삭이는 엄마가 있습니다. 때론 집에서 아이를 혼내는 소리를 듣고 이웃이 신고하였다며 억울함을 호소하는 엄마도 있습니다. '아동학대'가 법으로 제정되고 신고의무가 강화되었기에 아이들은 엄마와의 다툼 끝에 엄마를 직접 신고하기도 합니다. 아동학대 신고는 때론 엄마가 변할 수 있는 좋은 기회가 되기도 합니다. 하지만 때론 엄마가 분한 마음을 추스르지 못해 아이와의 관계가 더욱 악화됩니다. 사춘기에 난리 블루스를 친다지만, 엄마의 욕 한마디에 신고하는 자녀와는 도저히 얼굴을 맞대고 살 수 없겠다고 생각하기도 합니다. 이때, 누가 멈춰야 할까요?

'버럭' 화를 내는 엄마에서 기다리는 엄마로

때리고 욕하는 부모 밑에서 성장한 이들은 학대와 훈육의 차이를 잘 모릅니다. 때로는 학대와 방치가 만연했던 나의 원가족 역사 속에서 어쩔 수 없이 학대를 대물림한다는 생각에 무기력한 엄마도 있습니다. 상담을 하다 보면, 우리 때는 다 맞고 자랐는데 아이를 때리는 것이 왜 문제냐 되묻는 분들도 있습니다. 아이를 사랑해서 다 잘되라고 때리는 건데 그게 왜 학대냐고 되묻는 분들이 더러 있습니다. 내 자식 내가 알아서 키우니 상관하지 말라고 소리 지르는 분들도 물론 계십니다. 내가 살아온 방식을 바꾸기란 여간 어려운 일이 아닙니다. 하지만 최근에는 친권자가 자녀를 징계할 수 있는 징계권이 폐지되었습니다. 어떤 상황에서도 '사랑의 매'는 더이상 존재하지 않습니다. 또한, 자녀는 내 맘대로 할 수 있는 소유물이 절대 아닙니다.

학대와 방치의 흔적 속에 상처 입은 엄마는 자신의 성장 과정에서 외상, 상실을 떠올리게 하는 단서들(자녀의 고통, 요구, 분노 등)에 직면하게 되면 자신의 과거 경험에 압도되기 쉽습니다. 사춘기 아이들은 감정 조절을 담당하는 뇌가 아직 자라는 중이라 자연스럽게 감정을 조절하는 일이 어렵습니다. 이때 아이는 말로 표현하지 못하지만, 안전을 위해 반사적으로 엄마에게 기대려고 합니다. 하지만 이전에 엄마와의 관계에서 안전감을 경험하지 못했던 아이는 동시에 엄마에 대한 두려움 때문에 달아나고 싶기도 하면서 혼란에 빠집니다.

이런 모습을 보면 엄마는 더욱 화가 납니다. 어떻게 해야 할지 몰라 더욱 무기력해집니다. 꽁꽁 숨겨왔던 과거의 상처를 아이를 통해 마주한 순간, 엄마는 어찌할 바를 몰라 두려워집니다. 엄마 앞에서 벌벌 떨며 혼란스러워하던 어린 시절의 나를 내 아이의 모습을 통해 마주한 순간, 더욱 견딜 수 없는 감정에 사로잡힐지도 모릅니다. 내 안에 마구 밀려오는 격한 감정들이 소화되지 않아 정신을 잃은 채 아이에게 폭력을 가하고 싶은 순간, 울고 있는 어린아이인 나를 한 번 떠올릴 수 있을까요?

학대는 세대 간 대물림이 되기 때문에 그 무엇보다 자기의 마음을 먼저 위로하고 돌보는 것이 중요합니다. 그림책 속 아이처럼, 나에게 무참한 공격을 했던 엄마가 죽었으면 하고 잠시 생각했던 내가 나쁜 아이가 아닙니다. 어릴 적 나쁘고 못된 나였기에 당연히 받아야 했던 학대와 방치는 더더욱 아닙니다. 당신의 마음이 이토록 아픈 이유가, 자녀를 걷잡을 수 없이 때리고 싶은 욕구가 일어나는 이유는 결단코 당신 잘못이 아닙니다.

그저 우리네 엄마가 나를 어떻게 사랑하는지 몰랐기 때문입니다. 우리네 엄마가 체벌보다는 따뜻한 안아줌이 더 필요한 어린아이였던 나를 몰랐기 때문입니다.

만약 과거 상처가 현재 나와 자녀 사이에 강력한 부정적인 영향을 미친다고 생각한다면 지금, 이 순간이 상담이 필요한 때입니다. 상담을 통해 울고 있는 어린 나를 만나고, 아무것도 하지 못해 벌벌 떨어야 했던 나를 안아주어야 합니다. 나의 애착 유형이 안정 애착이 아니었을지라도 상담을 통해 나의 과거, 현재 나의 상태 등을 성찰하는 힘을 키운다면 자녀와 안정 애착을 형성할 가능성이 커집니다. 성찰할 수 있는 능력은 힘들었던 어린 시절의 부정적 영향을 완화하고, 불안정 애착이 세대 간에 전이될 가능성을 줄일 수 있게 됩니다.

분노가 일어나는 순간, 멈춰 서서 나를 관찰하는 힘을 키워야 합니다. 조금씩 내면의 힘을 키워갈수록 사춘기 자녀가 자기 안에서 처리하기 힘든 견딜 수 없는 감정을 엄마에게 던질 때, 엄마는 사춘기 자녀가 견딜 수 있는 형태로 되돌려 줄 수 있게 됩니다. 자녀의 분노와 불안을 잘 담아낼 수 있게 될 것입니다.

『그렇게 나무가 자란다』를 한 장 한 장 넘기다 보면 빨갛고 파랗고 회색의 일그러진 동그라미 열매, 무섭게 돌진해오는 돌멩이 열매, 얼룩덜룩 생채기 난 열매들이 끊임없이 등장합니다. 아이의 혼란스러움은 그대로 낙서처럼 여기저기 흩어져 있습니다. 내게 심어진 이 열매들을 어떻게 바꾸고 싶나요? 버릴 것은 버리고 새롭게 맺고 싶은 열매는 어떤 것인가요? 누구도 손 내밀지 않아 두려움에 홀로 떨었던 어린 시절의 나에게 주고 싶은 사랑의 열매는 무엇인가요?

지금 이 순간, 내 마음 속에 떠오르는 열매들이 당신이 사랑하는 내 자녀에게 주고 싶은 것입니다. 혼란스럽게 낙서가 가득한 내 마음을 조금씩 정돈하고 차분히 과거의 나와 현재의 나의 자녀를 바라봅니다. 사랑하는 내 자녀를 때리고 체벌하는 대신, 설명과 대안을 제시함으로 훈육하는 건 어떨까요? 아이의 분노가 극에 달할 때, 함께 소리 지르고 화를 내기보다는 감정이 가라앉을 때까지 기다려주는 건 어떨까요? 키도 몸도 엄마만큼 자랐지만 아직은 어린 사춘기 자녀랍니다. 아직 자신의 마음과 생각을 다루는 데 서툴 수밖에 없는 아이랍니다. 혹독한 겨울을 잘 견뎌낸…, 그렇게 엄마가 된 당신에게 양지바른 봄볕이 찾아오길 기도합니다.

아동학대(아동복지법 제3조 7호)

보호자를 포함한 성인이 아동의 건강 또는 복지를 해치거나 정상적 발달을 저해할 수 있는 신체적, 정신적, 성적 폭력이나 가혹행위를 하는 것과 아동의 보호자가 아동을 유기하거나 방임하는 것을 말한다.

1. 신체학대 : 손, 발 등으로 때리고 꼬집고 물어뜯는 행위 등/ 도구로 때리거나 완력을 사용하여 신체를 위협하는 행위 등
2. 정서학대 : 언어적 무시, 모욕, 형제나 친구 등과 비교, 차별, 편애하는 행위, 가정폭력 노출 등
3. 성학대 : 성추행, 성희롱, 성매매, 음란물 노출 등
4. 방임, 유기 : 특별한 사유 없이 아동의 무단결석을 방치하는 행위 등의 교육적 방임, 아동에게 필요한 의료적 처치를 하지 않는 행위 등

Q.

[당신을 위한 장바구니,
오늘은 고민하지 않고 결제했나요?]

긴 머리카락을 가진 엄마의 품 안에서 밝게 웃고 있는 어린아이가 있습니다. 바깥세상이 궁금한 듯 살며시 손을 내밀고 바라보네요. 아이는 엄마 품 안에서 벗어나 과연 세상 밖으로 나올 수 있을까요? 기나긴 머리카락 속에 자신을 숨긴 채 살아가고 있는 메두사 엄마는 과연 아이를 세상 밖으로 내보낼 수 있을까요?

〈사이코지만 괜찮아〉라는 드라마 속 등장인물의 사연과 함께 소개되었던 이 그림책에는 헌신적으로 애정을 표현하는 엄마가 등장합니다. 엄마는 아기를 위해서 해님도, 달님도 따다 주겠다고 다짐하고, 아이에게 필요한 모든 것을 다 해 주었답니다. 엄마는 완벽하게 아이를 키워냈다고 생각했죠. 이 아이와 엄마는 과연 어떻게 될까요?

메두사 엄마

키티 크라우더 지음 |
김영미 옮김 | 논장

손, 아귀

조용 글 | 잠산 그림 |
위즈덤하우스

제7화

아이의 좌절을
용납할 수 없는 당신에게

아이를 향한 지극하고도 과한 사랑이 흘러넘치는 엄마

『메두사 엄마』, 『손, 아귀』에 나오는 엄마는 어딘가 닮았습니다. 메두사 엄마는 자신의 아이를 진주라고 생각합니다. 진주같이 소중한 아이에게 세상 어떤 것도 해가 되지 않도록, 아이의 조가비가 되어주겠노라고 맹세합니다. 메두사 엄마는 아이가 행여 힘들까 봐 머리칼로 밥을 먹입니다. 첫걸음마를 떼는 순간, 아이가 행여 넘어질까 봐 머리칼로 두 팔을 꼭 잡아줍니다. 메두사의 딸은 엄마의 머리칼 속에서 모든 일을 시작합니다.

『손, 아귀』에 등장하는 엄마는 자신의 아이를 목련꽃처럼 하얗고 어여쁜 아이라고 생각합니다. 눈에 넣어도 전혀 아프지 않은 사랑스러운 아이죠. 너무나도 사랑하는 마음에 엄마는 아이를 위해서라면 해님, 달님도 따다 주겠노라고 맹세합니다. 어디 이뿐일까요? 손아귀 엄마도 메두사 엄마처럼 손수 아이 입에 밥을 넣어 줍니다. 아이가 걷기 시작하자 고운 발에 흙이라도 묻을까 염려되어 헐레벌떡 뛰어와 업어 줍니다. 아이의 손과 발을 대신하여 모든 것을 해 줍니다.

 아이를 키우는 모든 엄마의 눈에는 자신의 아이가 세상 그 어떤 보석보다 빛나고 아름답습니다. 아이를 향한 지극한 사랑, 모성애로 아이를 키웁니다. 어떤 엄마든 사랑으로 아이를 키우기 시작하는 것은 매한가지지만, 아이에게 사랑을 표현하는 방식은 저마다 다릅니다. 현대 사회에는 특히 엄마의 모습이 다양하게 나타나고 있습니다. 따라서 다양한 엄마를 지칭하는 신조어들이 많이 등장합니다.

 탄탄한 정보력으로 아이들에게 체계적인 학습을 시키는 알파맘. 호랑이처럼 아이를 엄격하고 혹독하게 강압적으로 훈육하는 타이거 맘. 아이가 극복할 수 없는 큰 장애물만 치워주는, 최소한의 간섭만 하는 빗자루 맘. 아이 앞에 놓인 장애물이라면 어떤 것이든 먼저 나서서 제거하려는 잔디깍기 맘. 아이의 일에 지나치게 간섭하며 과잉보호하는 헬리콥터 맘. 캥거루처럼 자식을 곁에 두고 조종하며 무엇이든지 다 해 주려는 캥거루 맘. 부모의 바람대로 살도록 하지 않고, 아이가 원하는 삶을 살 수 있도록 옆에서 조언해주고 뒤에서 지원해주는 베타맘까지…. 수많은 엄마의 모습이 있습니다.

메두사 엄마와 손아귀 엄마는 어떤 유형의 엄마로 보이나요? 아이가 세상으로 나가 다른 사람들로부터 상처를 받을까 두려워 전면 봉쇄하는 모습이 잔디깎기 맘을 닮았습니다. 아이의 손과 발에 어떤 어려움도 닿지 않게 하는 모습이, 아이와 언제나 함께해야 마음이 놓이고 과잉보호하는 모습이 헬리콥터 맘과 캥거루 맘을 닮았습니다.

아이를 키우는 엄마의 마음은 누구나 똑같습니다. 메두사 엄마와 손아귀 엄마처럼, 내 아이가 힘들어할 만한 일들은 그 어떤 것도 없길 원합니다. 내 아이가 험한 세상에서 상처받지 않길 원합니다. 내 아이에게만큼은 세상 모진 풍파가 비껴가길, 내 아이에게만큼은 세상이 너그럽길 간절히 기도합니다. 내 아이의 앞길을 방해하는 일 따윈 내 손으로 어떻게든 해결할 수 있길 원합니다. 나의 모든 것을 기꺼이 다 내어주고 싶어 합니다. 온실 안의 화초처럼 내 울타리 안에서 보호받고 안전하게 자라길 원합니다.

하지만 아무리 좋은 것이라도 지나치면 독이 됩니다. 엄마의 젖이 아무리 좋다고 해도 사춘기가 된 아이에게 젖을 먹이진 않습니다. 이처럼 지나친 애정과 애착은 문제가 됩니다. 이는 아이의 성장을 방해할 뿐입니다. 아이는 성장함에 따라 엄마의 젖이 아닌, 밥을 먹어야 합니다. 아이는 성장함에 따라 엄마의 품이 아닌, 세상으로 나가야 합니다. 여전히 엄마의 젖을 물고, 엄마의 품을 떠나지 못하는 아이는 자라지 않은 아이에 불과할 뿐입니다. 너무 과한 애착은 수많은 문제를 불러일으킬 수 있습니다. 마치 온실 안의 화초가 온실 밖을 나왔을 때, 불어오는 바람과 내리쬐는 햇살을 견디지 못하고 금세 시들어 버리는 것처럼 말입니다.

과잉 애착의 특성

중학생이 된 자녀가 자신이 원하는 대로 따르지 않는다며 답답한 마음에 상담실을 찾아온 엄마가 있습니다. 엄마가 정해준 친구와 사귀고, 엄마가 다니라는 학원에 다니고, 하나부터 열까지 엄마 말이라면 척척 너무나도 잘 듣던 아이였다고 합니다. 중학생이 되더니 갑자기 반항한다며 아이에게 큰 문제가 생겼다고 불안하다고 호소합니다. 선생님이 아이와 상담해서, 아이의 마음을 잘 구슬려 달라고 요청했습니다. 상담실을 찾아온 날, 엄마는 아이가 행여 목이 마를까 몸에 좋다는 음료수를 가지고 와서 빨대까지 손수 꽂아 아이 앞에 놓았습니다. 그 모습을 본 아이는 "아 좀! 엄마!!"라고 소리를 질렀죠. 엄마는 멋쩍은 웃음을 지으면서 "공부하느라 힘들었잖아. 엄마가 너를 위해 준비한거야"라고 합니다.

엄마는 자신이 얼마나 헌신적인지 이야기하기 시작했습니다.

"선생님, 제가요. 아이를 정말 어렵게 낳았어요. 어렵게 낳은 외동딸이 너무 예뻐서 여섯 살이 되도록 안고 살았어요. 발에 먼지라도 묻으면 어떻게 해요. 매일 등하교를 함께 하고, 아이가 친구랑 놀 때도 어디든 다 따라다녔죠. 아이를 완벽하게 잘 키워내는 것이 제 인생 최고의 업적이거든요. 제가 할 수 있는 모든 것을 다 걸어서라도 완벽한 아이로 키워낼 거예요."

이야기를 들으면서 엄마에게 아이가 얼마나 애틋하고 소중한 딸인지, 얼마나 애써서 키웠는지 알 수 있었습니다. 하지만 제 눈앞에 앉아있는 아이는 엄마의 사랑을 느끼지 못하는 걸까요? 전혀 행복해 보이는 얼굴이 아니었습니다. 팔짱을 낀 채, 삐딱하게 앉아있는 아이의 얼굴에는 답답함이 가득해 보였습니다.

아이는 왜 행복하지 않은 걸까요? 너무나도 애틋했던 내 딸이 나와 말 한마디 섞지 않고 방문을 걸어 잠그니 엄마 역시 너무나도 답답했겠죠. 하지만 저는 이토록 과분한 사랑을 받고도 뾰로통하게 앉아있는 이 아이에게 마음이 더 갔습니다. 아이는 혼자서 하고 싶은 일이 많은데 여전히 간섭하는 엄마가 싫다고 했습니다. 말 그대로 숨이 막혀 죽을 것 같다고 호소합니다. 내가 하고 싶은 일은 모두 반대하고, 엄마의 뜻에만 따르라고 이야기하니 점점 무기력해지고 어떤 일이든 자신감이 없어진다고 합니다. 내가 무엇을 원하는지, 무엇을 좋아하는지 모른 채 그저 엄마가 원하는 대로 살아가고 있는 자신의 삶이 너무 비참하다고 호소합니다. 엄마 없이 스스로 할 수 있는 것이 하나도 없을까 봐 두렵다고 합니다.

몸과 마음을 희생해서 아이를 키웠는데, 손에 물 안 묻히고, 발에 흙 안 묻히고 애지중지 키웠는데 무엇이 문제일까요? 엄마는 아이에게 지나치게 몰입되어 있었습니다. 아이가 자신이 이루지 못한 삶을 이루어내길 원하며 자신이 원하는 대로 그저 조종하고 있을 뿐이었습니다. 완벽한 사랑이라 착각하며 아이에게 집착하고 있었습니다.

엄마의 이야기 속으로 들어가 보니, 엄마 또한 부모가 원하던 삶을 살아왔습니다. 외동딸로 자랐던 그녀는 대학, 취업, 결혼, 자녀를 낳는 일까지 모두 친정엄마가 정해준 길을 걸어왔습니다. 자연스럽게 지금의 아이를 키우는 일도 자신이 경험한 대로 자녀의 일거수일투족 관여하고 있을 뿐입니다. 이것이 익숙한 엄마의 사랑 방식이었습니다. 자신 또한 엄마의 과잉보호, 간섭이 숨 막히도록 싫었음에도 똑같이 자신의 자녀를 키우고 있었다는 사실을 알게 된 엄마는 한참 눈물을 흘렸습니다.

사춘기가 되면 아이들은 부모에게서 독립을 원합니다. 부모로부터 분리되는 작업에는 개별적인 고유한 존재로 살아가고자 하는 욕구가 반영된 것이라고 볼 수 있습니다. 이 과정에서 대부분 부모는 아이의 욕구를 존중해주며, 지지해줍니다. 상실감을 경험하기도 하지만 갑작스러운 변화를 잘 참아내고, 적절한 거리에서 자녀를 응원합니다. 하지만 과잉 애착 유형의 엄마는 자신의 의견에 따르지 않으면 자신을 무시한다고 생각합니다. 반항이라고 생각하며 이런저런 말로 아이를 더욱더 간섭하려고 합니다. 더욱더 엄마에게 의존하게 만듭니다.

"엄마 말 잘 들어서 하나도 손해 볼 거 없어!"
"이 모든 것은 너를 위해서야"
"널 사랑하기 때문에 네가 상처받는 것은 절대 볼 수 없어"

과잉 애착 : 나의 엄마는 어떠했나요?

당신의 엄마는 어떤 엄마였나요? 사랑이라는 핑계로 당신을 너무 과보호하진 않았나요? 당신을 위한다는 말로 지나치게 많은 일을 간섭하며 당신의 뜻을 무시하진 않았나요? 엄마의 과잉 사랑으로 나는 손과 발이 없는 존재로, 아무것도 스스로 할 수 없는 존재로 자라진 않았나요? 당신 또한 여전히 과잉 애착으로 아이를 양육하진 않나요? 모진 세상 풍파가 너무나도 불안해서 세상 밖으로 아이를 내보내지 못하고 있진 않나요?

과잉 애착 유형의 아이들은 엄마가 무서워서 자기 생각, 의사를 표현하지 못하고 억누르게 됩니다. 엄마와 헤어졌다 다시 만나면 얼어붙는 반응을 하는 '혼란 애착' 유형의 아이들처럼 '엄마'라는 대상을 두려워합니다. 엄마의 뜻을 따르지 않으면 혼이 나기 때문에 그대로 믿고 따르는 수밖에 없습니다. 하지만 유일하게 의지할 수 있는 대상이 엄마다 보니 더욱 의존적으로 됩니다. 아이는 결국 스스로 할 수 있는 게 없어집니다. 지나친 간섭을 받으며 자란 아이는 성인이 되어서도 무의식적으로 간섭받고 싶어합니다. 계속해서 엄마는 당연한 듯 아이의 삶을 좌지우지하고 자기 뜻대로 아이를 조종합니다. 자녀가 성인이 되어서도 헬리콥터처럼 아이 주변을 맴돌며 온갖 일에 다 참견하고, 무엇이든 나서려고 합니다. 대학에 들어간 아이를 키우며, 아이 대신 리포트를 써주고, 심지어 취업한 후 몸이 아파 결근을 할 때도 상사에게 대신 연락합니다. 결혼한 후에도 자녀 주위를 맴돌며 일거수일투족 간섭합니다.

이 끝은 결국 어떻게 될까요? 행복이 아닌 불행으로 이어질 수 있습니다. 사랑으로 시작한 양육이, 사랑하기 때문에 너무나도 불안해서 시작한 과잉 애착이 불행으로 이어질 수 있습니다.

『손, 아귀』의 결말은 이러합니다. 우리가 끝까지 아이의 삶을 책임질 수 있다면, 끝까지 아이 삶에 함께할 수 있다면 얼마나 좋을까요? 하지만 엄마는 언젠가 내 힘으로 어찌할 수 없는 한계의 순간을 맞이하게 됩니다. 온갖 희생으로 아이를 키웠던 엄마는 나이 먹어 늙은 순간, 자신이 희생했던 만큼 자식이 늙은 엄마에게 희생하길 원합니다.

"사랑하는 나의 아기야.
엄마는 좀 쉬어야겠구나.
이제 네가 내게 먹을 것을 좀 다오."

하지만 무엇이든 다 해줬던 엄마로 인해 아무것도 할 필요가 없었던 아이는 할 수 있는 게 아무것도 없습니다. 한 번도 써보지 않아서 손과 발이 없어졌습니다. 그런 아이를 보며 엄마는 화가 납니다. 받아먹을 줄만 알고 할 줄 아는 게 없는 실패작, 쓸모없는 아귀라며 바다에 내던져 버립니다. 엄마는 자신이 그렇게 아이를 키운 것을 끝내 알지 못했습니다.

엄마가 하라는 대로 그저 따르는 과잉 애착 유형의 아이에게 '나'라는 고유한 존재는 없습니다. 앞에서 본 사례의 아이처럼 자신의 욕구도, 감정도 알지 못하기에 다른 사람들과의 관계에서 휘둘리고 이용당할 가능성이 큽니다. 그저 다른 사람이 하라는 대로, 다른 사람이 원하는 대로 따르는 수동적인 사람이 됩니다. 자신을 간섭하고 비판하는 엄마의 모습을 다른 사람에게 투사하여 다른 사람 또한 자신을 끊임없이 비판하리라 생각하기에 늘 자신이 없습니다. 혹은 모든 문제를 해결해주었던 부모로 인해 자신에게 생기는 작은 좌절이나 장애물을 견딜 수 없게 됩니다.

불안한 세상이지만, 적절한 거리에서 지켜봐 주는 엄마로

엄마의 과한 사랑과 보호를 받아 이것이 진짜 사랑인지 알았던, 그래서 나도 모르게 사춘기 자녀에게 대물림하고 있는 엄마에게 『메두사 엄마』이야기를 들려주고 싶습니다. 메두사 엄마의 딸 이리제는 어느덧 자라 학교에 가고 싶다고 이야기합니다. 누구도 아이를 만질 수 없게 했던 메두사 엄마는 학교에 절대 보낼 수 없습니다. 자신이 엄마이자, 아이의 선생님도, 친구도 될 수 있다고 생각하죠. 하지만 여전히 아이는 부러운 듯 밖에서 친구들이 뛰노는 모습을 바라봅니다. 엄마의 품에서 떠나가려 합니다.

메두사 엄마는 불안하지만, 아이가 그토록 원하니 용기 내 봅니다. 아이를 학교에 보내기로 하죠. 여전히 불안한 마음에 따라나서지만 아이는 긴 머리칼을 지닌 엄마를 보면 아이들이 무서워한 다며 따라오지 못하게 합니다.

메두사 엄마는 견고한 마음의 벽을 허물고 자녀를 위해 머리카락을 자릅니다. 수줍은 모습으로 아이의 하굣길에 등장합니다. 내 품에서 아이를 떠나보내는 일, 불안한 세상 속에 아이를 내보내는 일, 아이가 스스로 잘하리라 믿어보는 일은 참 쉽지 않습니다. 익숙한 경험을 벗어나 아이를 위해 엄마가 변하는 일 또한 참 쉽지 않습니다. 그러나 메두사 엄마는 아이와 함께 조금씩, 조금씩 변했습니다. '엄마'라는 견고한 성안에 갇혀있던 아이가 세상 밖으로 나오듯, 메두사 엄마 또한 견고한 자기만의 불안에서 나올 수 있었습니다.

요즘에는 한두 명의 아이를 낳아 키웁니다. 그러다 보니 아이에게 더욱 관심과 사랑이 집중됩니다. 정보가 넘쳐나는 시대다 보니 다른 사람의 양육방법을 손쉽게 알 수 있고, 남들이 하면 다 따라 해야 할 것 같은 불안이 일어납니다. 내 아이가 뒤처지진 않을까? 이것도, 저것도 해야 한다고 아이들을 몰아붙일 때도 많죠. 아이를 위함이라고 하지만 실상은 내 불안이 컸던 것은 아닐까요? 그뿐만 아니라 내가 누리지 못했던 것들을 마구 해 주고 싶은 욕심이 생겨나기도 하죠. 그러다 보니, 요즘 같은 시대에는 잔디 깎기 맘, 헬리콥터 맘, 불도저 맘, 캥거루 맘 등 유형도 다양한 과잉 애착 엄마가 많이 생겨나는 것 같습니다.

『메두사 엄마』의 작가 키티 크라우더는 이렇게 말합니다.

> 엄마로 태어나는 게 아니라
> 아이 덕분에 엄마로 만들어진다.
> 부모와 자녀의 만남은 서로 다른 두 우주가 만나는 것이다.
> 한 우주가 다른 쪽을 잡아먹어선 안 된다.
> 아이는 내 소유물이 아니니까.
> 부모의 역할은 아이의 이야기를 들어주고
> 아이의 행복을 먼저 생각해보는 것이다.
> 출처 : 최혜진, 『유럽의 그림책 작가들에게 묻다』

작가 키티 크라우더가 말했듯이 아이의 행복을 먼저 생각해보는 일, 아이가 스스로 혼자 클 수 있는 시간을 주고, 그 거리를 유지하는 일이 바로 우리가 해야 할 일입니다. 아이를 내 소유물로 여기지 않고, 독립된 한 존재로 인정해주는 일, 이것이 바로 우리가 해야 할 일입니다. 특히, 사춘기 시기에는 더욱 필요한 일이죠. 우리가 생각하는 것보다, 우리가 염려하는 것보다 우리 아이들은 더 큰 힘을 가지고 있습니다.

물론 아무것도 할 수 없는 아이, 너무나도 큰 힘든 일이 닥친 아이를 모른 척 내버려 두는 것은 안 됩니다. 그렇다고 잔디 깎기 맘처럼 아이에게 문제가 생기지 않도록 사전에 방지하고 미리 없애는 것 또한 안 됩니다. 엄마가 보여주는 세상이 우리 아이가 마주할 세상 전부가 되면 안 되니까요. 우리 아이에게는 직접 세상을 마주하고 만나보는 경험이 너무나도 소중합니다. 엄마로부터 배운 삶의 방식이 아닌, 스스로 배우는 삶의 방식이 나를 더욱 가치 있는 존재로 만들어줍니다.

다양한 삶의 경험 속에서 나란 존재에 대해 알아가는 기회는 세상 그 어떤 것과도 바꿀 수 없는 소중한 자산입니다. 엄마의 과한 사랑에 손과 발이 없어진 존재가 아닌, 손과 발에 자신만의 삶의 흔적을 지닌 존재로 살아나가는 것. 이것이 우리 아이에게 필요한 삶이 아닐까요? 스스로 헤쳐나가는 삶의 여정 속에 아이는 어떤 어려움도 견뎌내고 다시 일어설 수 있는 존재가 될 것입니다.

PART 3

너와 나 : 그럼에도…, 다시 잇다

『봄날의 개』는 마을 어귀, 정자나무 밑에 묶여 사는 어린 강아지입니다. 묶여 있는 목줄이 답답할 법도 한데 낮에는 아이들과 신나게 뛰어놉니다. 하지만 밤만 되면 남몰래 '끼잉~ 끼잉~' 우는 날이 많습니다. 이렇게 자기 마음을 꽁꽁 잘 숨기는 '봄날의 개'가 진정으로 원하는 것은 무엇일까요? 과연 '봄날의 개'는 자신의 마음이 들려준 바람에 응답할 수 있을까요?

봄날의 개
조용 글 | 잠산 그림 | 위즈덤하우스

제1화

내 마음에도
위로가 필요합니다

웃는 얼굴 뒤에 감춰진 눈물

주인공인 봄날의 개는 마을 어귀에서 사람들이 다가오면 꼬리치고, 재롱을 부립니다. 마을 사람들의 사랑과 귀여움을 한 몸에 받는 봄날의 개는 마냥 웃고 있습니다. 하지만 밤만 되면 낑낑대며 남몰래 울고 있는 것이 아니겠어요? 사실 봄날의 개는 묶인 목줄을 끊고 봄의 들판을 마음껏 뛰어놀고 싶었습니다. 낮에 사람들과 함께 있을 땐, 자신이 진정으로 원하는 것을 꽁꽁 감추려고 애썼지만, 고요하게 혼자 남은 밤에는 차마 그 마음을 온전히 감출 수 없었던 모양입니다.

"몸은 정직해서 아프면 눈물이 나와요.

그런데 마음은 거짓말쟁이라 아파도 조용하지요."

사춘기가 되자 갑자기 의기소침해지고 무기력해지는 아이. 혼란스러움에 마음의 문을 닫아버린 아이. 온종일 씻지도 않고 스마트폰만 들여다보는 아이…. 변해버린 사춘기 아이를 마주하는 엄마는 여러 가지 감정이 듭니다. 하지만 엄마는 이 감정들을 다분히 다른 사람에게 내어 보일 수가 없습니다. 아이 문제를 해결하러 온 상담에서조차 아무 일이 아니라는 듯 웃으며 이야기합니다. '초등학교 때까진 별문제 없었는데. 시간이 지나면 해결되지 않을까요?'

사춘기니까 다 그럴 수 있는 거라며 이야기하지만, 얼굴에 드리워진 먹구름은 감출 수 없습니다. 애써 힘듦을 외면하는 사춘기 자녀의 엄마를 마주할 때면, 얼마나 고단할까 싶어 저 또한 마음이 아픕니다. 이곳에 오기까지 숱한 고민으로 얼마나 많은 밤을 지새웠을까요? 얼마나 많은 시간을 두고두고 후회했을까요?

하지만 엄마의 아픔에 환부를 수술하듯, 쉽게 직면시키지 않습니다. 그저 "요즘 어머니 마음은 어떠세요?"라고 물을 뿐입니다. 한시도 쉬지 않고 말을 이어가던 어머니들은 대부분 이런 질문에 당황한 듯 침묵합니다. 많은 말과 생각이 스쳐 지나가는 듯 보이지만, 쉽사리 표현하지 못합니다. 그저 발끝만 응시한 채, 깊은 한

숨을 푹 내쉴 뿐입니다. 그리고 침묵 끝에 겨우 입을 엽니다.

"사실은 제가 괜찮다고 웃고 있지만, 많이 힘든가 봐요. 선생님께서 이렇게 물으시니…."

말을 잇지 못한 채 눈물을 뚝뚝 흘립니다. 당신의 진짜 마음에 대해 진심으로 궁금해하는 질문 앞에 참았던 눈물이 봇물 터지듯 터져 나옵니다. 마음이 너덜너덜해지고 밤마다 눈물짓는다고 울먹이기도 합니다. 몸이라도 아프면 차라리 앓아누울 텐데, 마음이 아픈 건 어떻게 표현해야 할지 몰라 그저 참고만 있었다고 합니다. 겉으론 밝은 척 애쓰지만, 마음은 메말라 갈라진 사막처럼 황폐하다고도요. 얼굴은 늘 웃고 있지만, 마음은 늘 울고 있었다, 이야기 합니다. 그림책 속 봄날의 개처럼 말입니다.

사십춘기 엄마, 요즘 내 마음은 어떤가요?

수도 없이 흔들리는 중년의 위기 속에서 나는 애써 괜찮다고 하진 않나요? '엄마'라는 이름이 갈수록 무겁게 느껴지지만, 아닌 척 웃고 있진 않나요? 책에서처럼, 마음이 아픈데도 아프지 않다고 거짓말을 하는데 익숙한 건 아닐까요? '엄마'이기 때문에, 엄마는 힘들더라도 절대 내색하면 안 되고, 강인해야 한다는 통념 속에 스스로를 가둘 때가 많습니다. 자녀를 위해서, 남편을 위해서, 가족을 위해서 희생해야 한다고 배워왔기 때문에 그저 꾹꾹 참는 날이 많을 것입니다. 그러다가 봄날의 개처럼 늦은 밤 홀로 있는 텅 빈 방에서 아무도 모르게 울고 있을지도 모릅니다.

 끊임없이 나를 필요로 했던 아이들은 '사춘기'란 이름으로 저만치 멀어져 갑니다. 어느 정도의 거리에서 아이들을 기다리고 바라봐야 할지 솔직히 잘 모르겠습니다. '엄마'의 역할이 버거울 때도 있으시죠?
 사춘기 자녀로 인해 하루에 수십 번 마음이 무너지기도 합니다. 매체에 등장하는 게임중독, 학교폭력, 자해, 우울 등 듣기만 해도 무서운 어려움이 내 아이를 짓누를까 두렵습니다. 아이에 대한 수많은 염려와 걱정이 그림자처럼 달라붙습니다. 아이에게 문제가 생길 때마다 내가 잘못 키워서 이런 일이 생기는 건 아닌지 염려됩니다….
 그럴 땐 죄책감이라는 돌덩어리가 마음을 무겁게 짓누릅니다. 죄책감은 독 묻은 화살로 변해 아이를 향해 마구 쏘아댑니다. 뒤돌아서서 후회하고 돌이키려 하지만 후회와 죄책감은 큰 바위가 되어 내 모든 삶을 송두리째 무너지게 하는 순간이 있습니다. 아무런 희망도 보이지 않는 그런 순간이….

지금 이 순간. 내게 필요한 건 '위로'입니다

사춘기 자녀의 엄마인 나에게 가장 필요한 건 무엇일까요? 그건 바로 봄날의 온기를 품은 따뜻한 햇살의 위로와 메마른 마음을 촉촉하게 해 줄 격려입니다. 사춘기 자녀의 문제로 상담실에 찾아온 많은 엄마는 당장 내 아이를 변화시킬 방법을 알려달라고 조급해합니다. 하지만 방법보다 중요한 것은 엄마의 마음을 돌보는 일입니다. 상담에서 엄마의 마음을 먼저 묻는 이유가 여기에 있습니다. 자신의 마음을 점검하고 힘든 나 자신을 위로하는 일이야말로 그 어떤 것보다 우선되어야 합니다. 우리는 엄마이기 때문에, 아내이기 때문에 나보다는 주변 사람들을 먼저 돌보는 데 익숙해져 있습니다. 하지만 내가 심리적으로 건강하고 행복하지 않다면 사춘기 자녀를 버텨낼 힘이 생길 수 없습니다.

아이와의 관계 경험은 한순간에 만들어지는 것이 아닙니다. 아이가 탄생한 순간부터 수많은 시간이 차곡차곡 쌓여 만들어집니다. 어떤 관계든지 관계를 맺는 이들의 마음 상태가 영향을 미칠 수밖에 없습니다. 우울한 엄마는 아이와 건강한 관계를 맺기가 어렵죠. 내 마음이 너무 우울해서 급격히 성장하는 사춘기 아이를 바라봐 줄 마음의 힘이 하나도 남아 있지 않기 때문입니다. 내 마음을 추스르는 데 엄청난 에너지를 써버리는 바람에 사춘기 아이와 소통할 힘이 없을 수도 있습니다. 결국 사춘기 자녀와 관계를 잘 잇기 위해서는 나의 마음을 돌보는 일이 무엇보다 중요합니다. 자동차도 연료가 있어야 달릴 수 있듯, 내 안에 든든한 위로와 격려라는 연료를 통해 아이를 위해 무엇이든 해볼 힘을 가질 수 있게 된다는 걸 잊어선 안 됩니다.

어떻게 나를 위로할 수 있을까요?

그렇다면 어떻게 나를 위로할 수 있을까요? 상담이론 중 하나인 대상관계이론(object relationship theory)에서 이야기하는 '자기위로능력(self-smothing)'을 통해 배울 수 있습니다.

자기위로능력이란 스트레스나 위기상황에서 불안이나 우울 등 심리적으로 어려움이 생길 때 내 안의 자원들을 활용해서 부정적인 감정을 줄일 수 있는 능력을 말합니다. 정서적으로 고통에 휩싸일 때, 부정적인 감정에 매몰되는 것이 아니라 잘 대응해서 스스로 자신을 안정시키고, 감정적으로 차분해지고 편안해지는 것입니다.

우리는 살아가면서 다른 이들의 위로를 받고 회복되기도 하죠. 하지만 타인의 위로는 항상 받을 수 있는 것이 아닙니다.

새벽녘까지 불 켜진 아이의 방을 보며 시험 전날이라 공부하는지 알고 안쓰러운 마음이 들었습니다. 늦었으니 어서 자라고 이야기하려고 방문을 연 순간, 세상에! 게임을 하고 있던 것이 아닌가요? 철석같이 믿었던 아이에게 실망해서 온갖 화를 퍼붓고 돌아서니 아이가 걱정 됩니다….

이 불안한 마음을 지금 당장 이야기하며 나눌 수 있는 사람이 몇이나 될까요? 그렇기에 무엇보다 내가 나를 스스로 위로하고 진정 시킬 수 있는 힘이 필요합니다.

곧게 뻗은 고속도로가 아닌 울퉁불퉁한 산길을 걷는 인생의 여정 속에 자신을 위로할 수 있는 능력은 매우 강력한 힘을 가지고 있습니다. 실제 많은 연구에 의하면, 자기위로능력을 지닌 이들은 어려운 상황에서 심리적 고통을 덜 경험하고 긍정적으로 상황에 대처하고 적응해나간다고 합니다. 사춘기 자녀와 시시때때로 벌어지는 많은 일들 속에 감정적으로 소모되는 때가 많은 엄마이기 때문에 우리에겐 이러한 능력이 더욱더 필요합니다.

밤마다 낑낑대며 울었던 봄날의 개도 울고 있는 내면의 나를 발견한 순간, 아이들과 뛰어놀 힘이 없어졌습니다. 마음이 속삭이듯 봄날의 개에게 물었습니다.

"너는 왜 목줄을 끊고 도망가지 않니?"

"…"

눈물을 흘리던 봄날의 개는 마지막 장면에서 오래도록 묶여 있던 목줄을 끊고 달려 나갑니다. 진정으로 원하는 곳, 파랗고, 빨갛고, 노란 꽃들이 흐드러지게 핀 드넓은 들판으로 힘껏 달려 나갑니다. 봄날의 개는 어떻게 묶였던 과거의 끈을 놓고 자신이 원하던 곳으로 달려 나갈 수 있었을까요? 그것은 봄날의 개가 자신의 마음의 소리를 듣고, 스스로를 위로할 수 있었기 때문입니다.

당신은 자신을 잘 위로하는 사람인가요? 아니면 아이들과 남편이 힘들어할 때는 따스한 말을 건넴으로 위로를 전하면서도 정작 나 자신에게는 냉정하고, 냉담한 시선으로 힘들게 하는 사람인가요? 어른이 된 지금은 다른 누군가에게 위로를 받는 일보다 나 자신을 스스로 다독이는 일이 더 필요합니다. 다 큰 어른을 끊임없이 위로해주고 격려해주는 일은 드물기 때문이죠.

자신을 위로할 수 있는 신체적·심리적 방법을 알려드리고자 합니다. 먼저 기분이 좋지 않을 때, 부정적인 감정에 휩싸일 때 신체적으로 나를 위로할 수 있습니다. 엄마가 나를 꼭 안아주었던 것처럼, 내가 우리 아이를 토닥여 줬던 것처럼, 내가 나를 안아주고 토닥여 줄 수 있습니다. 트라우마 치료의 안정화 기법 중 하나인 '나비 포옹법'을 한 번 연습해 보는 건 어떨까요? 갑자기 긴

장되거나 불안할 때, 두 팔을 가슴 위에서 나비 모양으로 교차시킨 후 나를 토닥토닥해주는 것입니다. 눈을 감고 마치 나비가 고요하게 날갯짓하는 모습을 상상하며 내 손이 날개인 양 좌우를 번갈아 조심스럽게 두드립니다.

또 심리적으로 나를 위로하는 방법이 있습니다. 먼저 지금까지 들었던 최고의 위로는 어떤 것이었는지 마음속에 떠올려 보는 겁니다. 만약 마땅히 떠오르지 않는다면 내가 누군가에게 했던 위로의 말을 떠올려 보는 것도 괜찮습니다.

"그동안 많이 힘들었지? 사람은 누구나 실수할 수 있대. 완벽하지 않아도 괜찮아."

하나씩 선언하듯 나에게 위로의 말을 들려줍니다.

마음이 내는 소리에 귀 기울여 힘을 얻어 달려 나갔던 봄날의 개처럼, 스스로 위로하고 새 힘을 얻어 사춘기 아이와 새로운 관계 여정을 그려갈 수 있길 응원합니다.

'처음으로 엄마가 되어 지금까지 참 잘 해왔습니다.'
'처음으로 사춘기 엄마가 되어 지랄발광하는 아이를 잘 키우기 위해 애 많이 쓰셨습니다.'
'처음으로 사십춘기 자락에 들어선 지금, 흔들리는 마음을 추스르느라 애 많이 쓰셨습니다.'

그림책 활동

한 권의 그림책을 더 만나볼까요?

가끔씩 나는
조미자 지음 | 핑거

가끔씩 나는 멈춰있기도, 걸어 나가기도, 뛰어가기도 합니다. 나의 마음은 나만의 독특한 은율을 지니고 있죠. 원색의 색감으로 마음의 변화를 신비롭게 나타낸 이 책을 한 번 읽어볼까요?

1. 나의 마음의 리듬에 발맞춰 볼까요? 지금 나의 마음은 어떤 리듬을 가지고 있나요? 경쾌하고 발랄한 리듬인가요? 느리고 묵직한 리듬인가요?

2. 내 마음이 우울해져서 꽁꽁 숨어버리고 싶은 날은 언제인가요?

3. 위로가 필요한 순간, 나는 어떻게 나를 위로하고 있나요?

> "다시 나를 움직이게 하는 건 내 마음속 가끔의 나의 모습들"
> - 『가끔씩 나는』 중에서

지랄발광 사춘기 ◇◇◇◇ 흔들리는 사십춘기

나를 위로해주는 음악과 문장을 모으기

(『셀프 러브 : 마음챙김 다이어리』 미건 로건 지음, 홍승원 옮김 참고)

(예시)
★ 노래
김윤아 <Going Home> , 이하이 <한숨>, 커피소년 <내가 니편이 되어줄게> 등

★ 좋은 문장

홀로 수많은 긴긴밤을 견뎌 내리라는 것을 잘 알고 있다. 그리고 긴긴밤 하늘에 반짝이는 별처럼 빛나는 무언가를 찾을 것이다. _루리, 긴긴밤 中에서

삶에 의미가 있다면 그것은 시련이 주는 의미이다. 시련은 운명과 죽음처럼 삶에 빼놓을 수 없는 한 부분이다. 시련과 죽음 없이 인간의 삶은 완성될 수 없다. -빅터 프랭클

엄마와 딸이 파란 물속에서 각자의 방식으로 수영을 하고 있습니다. 파란 물속, 마음 수영은 어떤 이야기일까요? 복잡하고 분주한 세상에 조급한 마음이 드는 딸, 그런 딸이 걱정되는 엄마. 허우적대는 딸과 노련해 보이지만 어딘지 모르게 지쳐있는 엄마 사이에 어떤 대화가 오고 갈까요?

마음 수영
하수정 지음 | 웅진주니어

제2화

난 그럴 수밖에 없었어요

사십춘기 엄마의 마음 수영

  엄마는 준비도 없이 무작정 세상으로 달려 나가려는 아이에게 알려주고 싶은 게 많습니다. 세상을 먼저 살아낸 엄마로 시범을 보이고 싶어 앞서 나갑니다. 하지만 예전처럼 팔도 다리도 내 맘대로 되지 않은 모습에 흠칫 놀랍고 당혹스럽기만 합니다. 보통 사춘기 자녀를 둔 엄마는 인간의 발달과정 중 중년기를 맞이합니다. 중년기가 되면 감각기능이나 신체 능력이 저하되면서 다양한 신체적, 심리적 변화를 경험하게 되죠. 한 가닥, 두 가닥 얼핏 보이던 흰 머리카락이 어느새 수두룩해지고, 얼굴에 한 줄, 두 줄 주름이 생겨나며 피부의 탄력이 감소하고 완경이 찾아옵니다. 예전에 나의 엄마가 심한 피로감을 호소하며, 불안해하고 우울해했던 무서운 갱년기가 내게도 찾아옵니다. 안면 홍조, 불면, 근육통, 가슴 떨림과 같은 신체적 증상도 나를 힘들게 하지만, 무엇보다 여자로서의 아름다움을 상실한 것 같아 우울해집니다. 기분이 조절되지 않고, 이유 없이 눈물이 흐르니 내가 왜 이러나 싶기만 합니다. 시도 때도 없이 변덕스러운 감정 변화로 웃고 우는 내가 사춘기 아이같이 느껴져 어쩔 줄 모르겠습니다. 여름날 햇살처럼 강력했던 젊음이 계절을 다해 가을로 접어드는 이 시기. 차츰차츰 늙어간다는 것을 겸허하게 받아들인다는 것도 여간해서는 쉽지 않은 일입니다.

어디 그뿐인가요. 이제 나는 인생의 중요한 전환점에 서 있습니다. "마흔이 되면 마음에 지진이 일어난다. 진정한 당신이 되라는 내면의 신호다(『내가 누군지도 모른 채 마흔이 되었다』, 제임스 홀리스 지음, 김현철 옮김)"라는 말이 밤하늘에 떨어지는 별똥별처럼 콕 마음에 박힙니다. 진정한 나로 살기보다 남편과 자식, 부모 더 나아가 사회가 원하는 모양의 엄마로 살아왔던 가면을 벗어야 합니다. 세상으로, 타인에게로 향하던 에너지를 이제는 나의 내면으로 가져올 때입니다. 엄마에서 다시 '나'로 돌아온 이 시기에 다시 세상 밖으로 나가야 합니다. '엄마'라는 이름으로 오래도록 이 자리에 머물러 왔는데 이 자리를 털고 '나'로 일어서려니 쉽사리 용기가 생기지 않습니다. 이 모든 것은 세월이 흐르고 나이를 먹으면서 생겨 나는 자연스러운 과정이지만, 역할 변화는 종종 고통스럽게 다가 옵니다. '엄마'로 주어졌던 역할의 고리를 하나, 둘, 서서히 끊어 내는 이 과정이 이별의 시간처럼 느껴지기도 합니다. 사십춘기가 된 내 마음도 사춘기 내 아이처럼 복잡하기 그지없습니다.

  아이를 키우며 경력이 단절되었다면 앞으로 어떤 일을 해나갈 수 있을지 고민됩니다. 막상 새로운 일에 도전하려 해도 두려움과 불안이 앞서는 것이 사실입니다. 스무 살, 서른 살의 도전처럼, 설 렘과 희열의 푹신한 구름을 걷는 것처럼 다가오지 않기 때문이죠. 공자가 말한 중년의 삶처럼, 세상일에 흔들리지 않고 사물의 이치 를 터득해야 하는데 여전히 모르는 것투성이 입니다. 그런 나 자 신에게 너그러움보다 엄격함으로 스스로 무겁게 누르고 있으니 얼마나 힘들까요?

  또한, 나를 지켜주던 부모도 노년기에 접어들면서 기력이 예전 같지 않습니다. 이미 부모의 죽음을 경험했거나 주변에서 부모의 죽음을 경험하는 이들이 많아졌습니다. 인생무상(人生無常)이란 고 사성어가 내 삶 곁으로 가까이 다가왔다는 생각에 마음이 무겁습 니다. 내가 일궈낸 자녀뿐 아니라 나를 지탱해주던 원가족까지. 점점 더 신경 쓰고 책임져야 할 영역이 늘어납니다.

사춘기의 마음 수영

『마음 수영』에 나오는 사춘기 딸은 홀로 독대하며 만나는 세상이 궁금해서 견딜 수 없습니다. 도넛 모양의 튜브에 의지해서 물가에 앉아 첨벙첨벙 발장구치던 때를 벗어날 수 있다니 얼마나 흥미로운 일인가요? 엄마, 아빠를 의지해서 한걸음 겨우 떼던 때를 벗어나 내 맘대로 달려 나갈 수 있다니 얼마나 신명 나는 일일까요? 그럴 때, 가장 듣기 싫은 말이 위험하다고, 조심하라고 말하는 엄마의 잔소리입니다.

엄마는 자식에게 어떤 모양이든 희생을 깎아 넣어 좋은 걸 준다고 생각하지만, 사춘기 아이는 이 모든 것이 귀찮고 싫을 뿐이죠. 책에서처럼, '준비부터 해야 돼', '조심해', '위험해'라는, 다 저 잘되라고 하는 말에 '엄마는 아는 척만 하더라' 말대꾸하며 잔소리로 넘겨버립니다.
아이는 '일단 그냥 시작해 볼래!'라고 큰소리치며 세상 속으로 첨벙 뛰어듭니다. 이제 나도 혼자서 할 수 있다고 굳게 믿는 거죠. '이까짓 거 가지고 뭘!' 이제 엄마의 도움 없이도 뭐든 다 해낼 수 있다고 의기양양하게 말합니다. 등짝 스매싱을 당하는 한이 있더라도 일단 제 나름의 반항도 해봅니다. "공부해"라는 엄마의 말에 "알아서 할게요. 내버려 둬요. 엄마. 공부가 인생의 전부는 아니지 않나요?"라고 말하며 딱 선을 긋습니다. 엄마의 눈엔 한없이 어설퍼 보이더라도 사춘기 딸은 사뭇 진지함 그 자체입니다.

나는 그럴 수밖에 없었어요

사춘기 아이를 키우는 엄마로 우리가 간과하는 것이 있습니다. 안타깝게도 우리 집엔 사춘기라는 손님만 찾아온 게 아니라는 거죠. 엄마인 나에게도 갱년기, 중년의 위기가 찾아왔습니다. 아이만큼, 만만치 않게 힘든 시간을 보내고 있는 중입니다. 나 역시 중요한 성장통(?)을 겪고 있는 중인데 사춘기 자녀의 지랄발광한 모습을 인내하느라 얼마나 힘들겠어요. 마음의 여유 따위 하나도 없습니다. 다 내려놓고 무작정 쉬고 싶은 마음도 굴뚝같지만, 나는 여전히 오늘도 가족을 위해서 무언가를 해야만 합니다. 그저 그렇게 묵묵히 열심히 사는 나. 힘들고 어두운 터널에 갇혀 있지만 견뎌내고 있는 나. 내 신경을 온통 긁어대는 아이의 삐딱한 말과 행동을 이해하려고 노력하지만, 오늘도 어김없이 무너진 나. 문을 쾅 닫고 들어가는 자녀의 뒷모습에 꽥 소리를 지르는 나. '다 괜찮다. 아니, 괜찮지 않아도 괜찮다' 하면서 마음을 다스려보지만 헛일입니다.

사춘기도, 갱년기도 인생의 여정 중에 꼭 거칠 수밖에 없는 통과

의식입니다. 사춘기는 내 아이가 건강한 성인이 되기 위해 꼭 거쳐야만 하는 과정, 갱년기는 지혜롭고 건강한 노년기를 맞이하기 위해 꼭 거쳐야만 과정이죠. 당연히 이 시기를 통과해가는 게 참 어려울 수밖에 없습니다. 성장을 위한 과정이다 보니 아플 수밖에 없습니다.

변증법적 치료의 창시자 린네한(Linehan)은 내가 경험한 감정이나 경험에 대해 그 자체로 '그럴 수밖에 없었어. 그런 상황에서는 그렇게 느낄 만 했어'라고 인정하고 받아들이는 것의 중요성을 이야기했습니다. 이를 '타당화'라고 정의합니다. 타당화는 엄마인 나로 하여금 자신에 대해 무비판적인 태도를 가지게 하여 자신의 경험 자체를 있는 그대로 수용하도록 돕습니다.

아이의 시험이 끝난 날, 고생한 아이를 생각해서 저녁 식사를 근사하게 차려냈습니다. 단지 궁금해서 "시험은 어땠니?"라고 물었을 뿐인데 "그거 물어보려고 지금 이렇게 상을 차리신 거예요? 아 밥맛 떨어져"라고 말하며 문을 쾅 닫고 들어가 버립니다. 버릇없이 행동하는 아이를 보며 "야! 너 사춘기라고 유세 떠냐? 너 무서워서 말도 못 꺼내겠다. 진짜 엄만 뭐 편한 지 아냐?"라고 고래고래 소리를 질러 결국, 싸움에 이릅니다. 보통 이런 경우, 우리는 자식에 대한 원망과 더불어 자식 앞에서 밑바닥까지 보인 내가 과연 엄마가 맞나 싶어 스스로를 비난합니다. '나란 사람은 엄마 자격이 없어'라고 생각하며 스스로를 비하합니다. 사실 이 순간 우리에게 필요한 것은 상황을 다르게 관찰해보는 연습입니다.

먼저, 아이에게 소리를 지른 상황에서 들었던 나의 감정의 목소리를 들어주고 관찰합니다. '순간적으로 너무 화가 나서 소리를 질렀구나.' 다음으로 겉으로 드러난 행동 이면에 숨겨진 소망과 욕구를 살펴보는 겁니다. 소리를 지르며 다그친 행동 모두가 사실은 엄마로서 존중받고 싶고, 아이와 가까워지고 싶었던 소망과 욕구가 있었기 때문이죠. '시험으로 고생한 너를 안아주고 싶었어. 그런 내 맘을 알아주지 못해 서운했나 봐.' 마지막으로 그 순간을 정당한 것으로 타당화 시키는 겁니다. '그래. 그럴 수밖에 없었네. 오늘 너무 힘든 하루였는데, 아이를 위해 노력해서 저녁을 차렸어. 그렇게 아이에게 다가갔는데 짜증내는 아이를 보니 당연히 화날 수 있어. 울컥해서 소리 지를 수밖에 없었네. 폐경이 되면서 자꾸 살도 찌고 우울해져서 감정 조절이 잘 안되나 봐.'

나의 모든 행동과 감정에는 이유가 있습니다. 비록 잘못된 행동을 했지만, 그 순간에 나에게 이유가 있었음을 알아주는 것이 매우 중요합니다. 타당화를 통해 감정을 수용해나간다면 다음에는 버럭 소리를 지르는 행동을 차츰 줄여갈 수 있게 됩니다.

꼭 기억해 주세요. 항상 나의 감정과 행동에 대해 "왜 그럴 수밖에 없었을까? 그럴만한 이유가 있었겠다. 그럴 수밖에 없었네"라고 인정해주는 것이 중요하다는 사실을요. 이것을 통해서 우리는 더 깊이 공감의 단계로 나아갈 수 있답니다.

사십춘기 엄마와 사춘기 자녀의 마음 수영

『마음 수영』속으로 다시 들어가 볼까요. 한발이라도 빨리 내딛고 싶은 아이와 무작정 달려가는 아이가 행여나 다칠까 봐 염려되는 엄마. 살아갈 세상이 생각보다 깊고 광활하여 무서운 아이와 예전만큼 유연하지 않은 몸놀림에 지치고 불안한 엄마. 각자의 방식으로 각자의 세상 속에 뛰어들지만, 어렵고 힘든 것이 사실입니다. 세상으로 성급히 나아가려는 사춘기 딸에게 "조심해. 네가 아는 게 다가 아니란다. 가만히 둥둥"이라고 말해봅니다. 이 말은 어쩌면 엄마인 나에게도 해주고 싶은 말일지도 모릅니다.

'가만히 둥둥. 사춘기 아이가 힘든 만큼 사십춘기인 나도 힘들 수밖에 없구나'
'가만히 둥둥. 그동안 사방으로 애써온 내가 지칠 만도 하지. 그래서 나도 참지 못하고 폭발할 때가 있구나'
'가만히 둥둥. 한 걸음씩 나와 멀어지는 아이가 염려되고 서운

할 수도 있구나'

이렇게 사십춘기의 내가 그럴 수밖에 없었다는 것을 알아준다면 사춘기 아이 또한 그럴 수밖에 없다는 걸 이해해나갈 수 있을 것입니다.

색채 심리에서 파란색은 '신뢰. 편안함'을 상징합니다. 그림책 가득 메운 파란색 배경은 겉으론 투닥거리지만, 사춘기 자녀와 엄마 사이에 내재 되어 있는 서로를 향한 깊은 신뢰, 심리적 안정감을 보여주는 듯합니다. 한 장 한 장 펼칠 때마다 물은 보라색 빛깔로 변해갑니다. 색채 심리에서 보라색은 회복과 치유를 상징합니다. 시간이 흐를수록 사춘기 자녀와 사십춘기 엄마의 관계가 회복되어가는 것. 치유되어가는 것이 표현된 것은 아닐까요? 사춘기 아이도 엄마의 얼굴을 가만히 들여다볼 날이, 외롭고 지친 엄마를 언젠가 알아줄 날이 올 테니까요. 다시 시작하는 엄마의 처음에 아이가 손을 꼭 잡아주는 날도 올 것입니다. 처음이니 두렵고 떨리는 아이의 시작에 손을 꼭 잡아준 나처럼 말입니다. 그림책 마지막 장면은 점점 멀어져 가는 서로를 향해 웃으며 손을 흔드는 그림이 그려져 있습니다. 둘의 거리는 함께 있어 편안함을 느낄 때도, 이제는 각자의 자리에서 서로를 향한 애틋함을 느낄 날도 올 것입니다.

인생의 파도 속에 온몸에 잔뜩 힘이 들어가지만 조금씩 힘을 빼 보는 건 어떨까요. 겸허히 헤쳐 나가는 만큼, 더욱 성장할 너와 내가 기대됩니다. 서로를 응원하며 나란히, 나란히.

지랄발광 사춘기 ∞∞∞∞ 흔들리는 사십춘기

Q.

[오롯이 당신만을 위한 시간,
오늘은 얼마나 가졌나요?]

그림책 활동

한 권의 그림책을 더 만나볼까요?

행복한 여우
고혜진 지음 | 달그림

2015년 안데르센상 은상 수상작인 『행복한 여우』에서는 눈부시게 빛나는 붉은 털을 자랑스러워하며 자신감이 넘치는 여우가 등장합니다. 그런데 여우는 어느 날부턴가 보이기 시작한 흰 털로 슬픔에 빠지게 되죠. 온몸이 하얗게 변해 우울해하던 여우는 결국 동굴 속에 숨어 버립니다. 어떻게 여우는 동굴 속에서 다시 나올 수 있을까요?

1. 처음 흰머리카락을 발견했을 때 나는 어떤 생각과 감정이 들었나요?

2. 변해가는 나의 모습에 여우처럼 동굴 속에 숨고 싶었던 적은 없었나요?

3. 산새처럼 있는 그대로 나를 인정해주고 알아주는 사람은 누구인가요?

> "여우는 다시 날마다 산책을 하고
> 자신의 꽃밭을 가꾸기 시작했어요."
> 『행복한 여우』 중에서

지랄발광 사춘기 ◇◇◇◇ 흔들리는 사십춘기

Q.

［ 까닭없이 눈물이 흐르고,
마음이 답답하고 그런 날이 있나요?
그럴 땐 어떻게 푸나요? ］

전 세계 3,000만 부 판매를 기록한 베스트셀러 『언제까지나 너를 사랑해』는 한 아이가 태어나 부모가 될 때까지의 과정이 따뜻하게 담겨 있습니다. 그 옆에 항상 존재하는 엄마도 같이 그려져 있어요. 아이가 자람에 따라 엄마의 모습이 변해가지만, 본질인 엄마의 사랑은 변하지 않습니다. 아이의 성장 속도에 맞춰 엄마는 어떤 모습으로 아이와 함께 해야 할까요? 어떤 것이 진정한 사랑일까요?

언제까지나 너를 사랑해

로버트 먼치 글 | 안토니 루이스 그림 | 김숙 옮김 | 북뱅크

제3화

사춘기 아이를 안아주고
버텨주는 엄마

언제까지나 너를 사랑해

『언제까지나 너를 사랑해』는 아이가 서너 살 경 시어머니가 물려주신 그림책입니다. 그때의 아이는 그림책 속 아이처럼 변기에 있는 물을 떠다가 물장난을 치던 말썽꾸러기 아이였습니다. 어이없어 한숨 쉬는 엄마에게 '엄마. 왜? 나 소꿉놀이하는 건데'라고 해맑게 웃으며 바라보던 아이의 눈빛이 아직도 눈에 선합니다. 이 책을 아이와 함께 읽을 때, '이 아이 때문에 내가 미쳐버릴 것만 같아'라는 문구에서 혼자 속으로 크게 웃었습니다. 아이는 엄마의 속내를 알지 못한 채, 웃으면서 "엄마. 이거 나야 나" 이렇게 외쳤습니다. 하지만 한 장 한 장 넘길수록 장난을 치던 아이는 조용해지고, 저는 눈물을 흘리고 말았습니다. "엄마. 왜 울어?"라고 말하며 작고 포근한 손으로 엄마의 눈물을 닦아주는 아이를 품에 안고, 자장가를 불러주던 그때가 아직도 선명하게 떠오릅니다. 아이는 어느새 자라 사춘기 아이가 되었습니다. 꾀죄죄한 얼굴, 허연 비듬이 가득한 머리, 물큰 코를 찌르는 정수리 냄새, 좔좔 기름이 흐르는 머리카락. 하아. 보기만 해도 한숨이 절로 나옵니다. 게다가 그림책 속 사춘기 아이처럼, 아이의 방에 들어가면 정말이지 동물원…. 음. 솔직히 돼지우리에 와 있는 기분입니다.

이 책에는 아기가 갓 태어난 순간부터 성장하며 사시사철 변해 가는 아이의 모습뿐만 아니라, 아이의 개구진 모습에 깊은 한숨을 내쉬지만, 여전히 아이를 향한 따뜻한 사랑을 고백하는 엄마의 모습이 담겨 있습니다. 이 책을 처음 만난 순간, 눈물을 흘린 이유는 내리사랑으로 받기만 했던 엄마의 사랑이 그립고 고마워서, 내 곁에 있는 아이에게 평생 내 엄마처럼 사랑을 고백해야지 하는 마음이 절로 들었기 때문일 것입니다.

자기대상(self-object)이란 무엇일까요?

심리학자 코헛은 "인간은 신체적으로 생존하기 위해, 필요한 용량의 산소가 공급되어야 하는 것처럼 정신적으로 생존하기 위해, 공감적이고 반응적인 환경이 필요하다"고 했습니다. 인간은 신체적인 생존을 위해서 반드시 적정량의 산소가 필요하고, 심리적인 생존을 위해서 공감이 필요하다는 의미입니다. 하지만 갓 태어난 아기는 스스로 공감하거나 위로할 수 없습니다. 그렇기에 허기져 우는 아기를 달래고, 두려움에 떠는 아기를 달랠 수 있는 존재가 필요합니다. 이처럼 아기의 욕구를 마치 거울처럼 알아봐주고, 공감할 수 있는 대상을 바로 자기대상(self-object)이라고 부릅니다. 자기대상은 아기가 성숙하면 스스로 담당하게 될 정신구조의 기능을 유아시절에 대신 맡아서 해주는 대상이라고 볼 수 있습니다. 아기에게 있어, 나와 대상이 구별되지 않을 정도로 민감하게 아기의 욕구를 알아차리는 존재는 누구일까요? 정답은 우리가 이미 알고있는 존재, 바로 '엄마'입니다. 아기는 이렇듯 자신을 존중해주고 공감해주는 엄마를 통해 온전한 자기(self)를 형성해 나갑니다. 공감과 사랑을 건네는 엄마를 통해, 아이는 나란 사람의 가치를 발견하며 '이 세상은 참 살맛난다'는 긍정적인 감정을 가질 수 있게 됩니다.

『언제까지나 너를 사랑해』에 등장하는 엄마는 아이의 탄생부터 마지막까지 변함없는 자기대상이 되어줍니다. 잠든 아이를 찾아와 토닥여 주며 자장가를 불러줍니다. 세상 속에 하나, 둘 주어진

과제를 해나가며 힘들거나 지쳤을 때, 위로해주는 엄마의 품을 내어줍니다. 한 사람의 어른으로 성장한 멋진 아들이 될 때까지 엄마는 변함없이 "언제까지나 너를 사랑해"라는 메시지를 줍니다. 멀찌감치 떨어져 바라보면서요. 사랑의 본질은 변함이 없지만, 자기대상인 엄마의 모습은 아이의 발달 시기에 따라 조금씩 달라집니다.

엄마인 나의 자기대상은 누구인가요?

어린아이들에게만 자기대상이 필요할까요? 그렇지 않습니다. 자기대상은 우리가 살아가는 데 평생토록 필요한 존재입니다. 무엇인가를 성취해냈을 때 누구에게 제일 먼저 말하고 싶은가요? 상처받았을 때 누구에게 달려가 위로받고 싶은가요? 마음이 힘겹고 속상할 때 누구의 품에 안기고 싶은가요? 이때 떠오르는 대상이 바로 나의 자기대상입니다. 내 행복을 함께 기뻐하고 인정해주는 사람, 내 슬픔을 함께 나누고 위로해주는 사람, 어떤 일이 생기든 내 편이라고 생각되는 사람이 바로 나의 자기대상입니다.

당신의 자기대상은 누구인가요? 그를 떠올려 보며 어떻게 위로받고 공감 받았는지 한 번 생각해 볼까요. 만약 자기대상이 엄마라면, 엄마는 내가 힘들 때 어떻게 나를 대했는지를 생각해 보는 거죠. 혹은 그 대상이 남편이라면 남편이 나에게 어떻게 공감하고 격려하고 있는지를 살펴보는 겁니다. 우리는 모두 자기대상이 단 한 명만 있어도 살아갈 힘을 얻습니다. 자기대상으로부터 받은 메시지를 내가 나에게 해주며 격려하고, 위로하고, 다독여가면서 오늘 하루를 살아냅니다. 그리고 그 힘으로 내가 사랑하는 사람들에게 나도 든든한 자기대상이 되어줄 수 있습니다. 어린 시절, 자기대상은 부모인 경우가 대부분이지만, 성인이 되었을 때는 친구나 남편 등으로 옮겨가기도 합니다. 자기대상이 단지 인격을 지닌 사람만을 의미하진 않습니다. 힘들 때나 외로울 때 꺼내 보는 그림책일 수도 있고, 자신이 소중하게 생각하는 이념, 종교를 가진 이라면 신이 될 수도 있습니다. 그것이 어떤 것이든 나를 지지해주고, 버팀목으로 안정된 '나'로 살아갈 수 있게 해주는 것이면 나에게 자기대상이 될 수 있습니다.

사춘기 아이에게 필요한 자기대상의 중요한 기능은 안아주고, 버텨주는 것입니다

엄마인 나는 사춘기 아이에게 어떤 자기대상의 모습인가요? 이상한 친구를 사귀고, 이상한 음악을 듣고, 방안을 온통 동물원처럼 만드는 사춘기 아이에게 필요한 자기대상은 어떤 모습일까요?

먼저, 아기 때 무수히도 했던 '신체적으로 안아주기'를 뛰어넘어 '심리적으로 사춘기 아이를 안아주는 것'이 필요합니다. 아이와 핑크빛 사랑의 기류가 흐르던 이성친구가 아이의 제일 친한 친구와 몰래 사귄다는 것을 알게 됐다고 해볼까요. 방안에 틀어박혀 울고불고 난리 치는 아이에게 "다 그런 거야. 남자(여자) 애가 어디 그뿐이니?"라고 이야기하는 것은 심리적으로 안아주는 것이 아닙니다. 아이 입장에서는 세상이 무너질 것 같은, 청천벽력 같은 소식입니다. 이런 아이 마음을 민감하게 알아차리고 정서적 공명을 느끼며 반응해야 합니다. 정신적 산소인 공감을 최대한 공급해주어야 합니다. "얼마나 마음이 아프고 배신감이 느껴지겠니. 눈물이 절로 나겠다." 아이가 아픈 만큼, 엄마도 그만큼 절절한 마음으로 함께 울어줘야 합니다.

다음으로는 사춘기 아이의 지랄 같은 폭풍을 버텨주는 것입니다. 세상과 맞부딪히며 경험하는 일련의 좌절, 분노를 사춘기 아이는 아직 스스로 소화하기 어렵습니다. 또한 공격성과 힘으로 무장된 사춘기 아이들은 괜한 일에도 격렬하게 화를 내지요. 엄마가 아이에게 실수라도 할라치면 엄마의 마음을 이 잡듯 뒤집는 것만 봐도 알 수 있습니다. 엄마도 너무 화가 나서 아이의 공격성에 보복하고 싶어질 수 있습니다. 하지만 이때, 아이의 직성이 풀릴 때까지 견뎌주는 것, 아이의 화가 누그러질 때까지 버텨주는 것이 필요합니다. 아이는 시간이 지나면 언제 그랬냐는 듯이 관계 복구를 위한 노력을 할 것이고, 기대어 울 수 있는 엄마의 품으로 찾아들 것입니다. '화'라는 감정 자체를 수용해주고 견딜 수 있는 '화'로 돌려주는 엄마의 품에서 아이는 건강한 아이로 자랄 수 있습니다.

언제 어디로 쳐들어와서 또 무슨 생트집을 잡을지 모르는 아이를 견뎌내는 엄마. 예상 못할 짓을 하며 엄마인 나를 놀라게 할지라도 버텨내는 엄마. 적당한 거리에 있지만, 여전히 그 자리에서 모든 시간을 함께 견뎌내는 엄마. 아이 곁에서 아이의 부정적인 생각과 그림자를 읽어주는 엄마가 사춘기 아이에겐 필요합니다.

이 책의 마지막 장면을 살펴보면 어느덧 어른이 된 아이는 자신의 삶에 짙게 물든 엄마의 사랑을 떠올리며 자신의 아이를 품에 안고 노래를 부릅니다.

"너를 사랑해. 언제까지나. 너를 사랑해. 어떤 일이 닥쳐도. 내가 살아 있는 한 너는 늘 나의 귀여운 아기."

사춘기 시절. 내가 모질게 굴어도, 내가 지랄해도 견뎠던 엄마의 사랑으로 그렇게 나도 엄마가 되었습니다. 내가 흘려보내는 이 사랑은 계속해서 다른 삶으로 이어질 것입니다. 지금 사춘기 아이와의 관계가 넘어졌다고 이제껏 쌓아온 10년 이상의 세월이 없어지지는 않습니다. 그리고 다 지나갑니다. 지랄 맞은 사춘기 시기도 분명히 끝이 납니다.

죽은 듯 가지만 남은 앙상한 겨울나무지만 혹독한 추위와 매서운 바람을 견뎌내며 더욱 견고한 나무가 되어갑니다. 겨울나무가 그나마 견딜 수 있는 것은 매일 같이 찾아오는 따뜻한 햇볕과 산새들이 있어서이지 않을까요. 우리에게도 햇볕과 산새 같은 자기대상의 존재가 있으니 너무 외로워하지 말자고요. 곧 때가 되면 아이와의 관계도 열매 맺고 꽃 피울 날이 올 것입니다.

> 우리는 요람에서 무덤까지 우리의 애착대상이 제공하는 안전기저로부터 출발해, 길든 짧든 일련의 소풍으로 이루어진 삶을 살 때 가장 행복하다고 느낀다.
>
> _존 보울비(John Bowlby)

그림책 활동

한 권의 그림책을 더 만나볼까요?

나의 두발자전거
세바스티앙 플롱 지음 | 명혜권 옮김 | 봄볕

자전거 보조 바퀴를 떼길 원하는 아이의 외침에 보조 바퀴를 떼 주는 뭉치. 처음으로 두발자전거를 타느라 흔들리고 넘어지는 아이를 뒤에서 묵묵히 붙잡아주고 기다려주는 뭉치. 사려 깊은 뭉치의 모습에서 엄마인 내가 배워야 할 점이 참 많은 책입니다.

1. 책에서처럼 여전히 나는 사춘기 자녀를 어린 아이(강아지)로 대하고 있진 않나요?

2. 『나의 두발자전거』의 뭉치에게서 배울 수 있는 자기대상의 역할은 무엇일까요?

3. 사춘기 자녀인 나의 아이에게 아직까지 필요한 돌봄은 무엇일까요? 아이의 성장과 독립을 위해 이제는 내가 손을 놓아도 되는 부분은 무엇일까요?

> "자전거를 세우고 뒤를 돌아보았어요. 아무도 없었어요.
> 조금 무섭긴 했지만, 다시 앞을 보았어요. 뭉치가 가르쳐준 것처럼 말이지요."
> 『나의 두발자전거』 중에서

커다란 집에 사는 아기 돼지 소소와 소년 안다가 그림책에 등장합니다. 안다는 소소가 어떤 옷이 잘 어울리는지, 어떤 놀이를 하면 좋아하는지 잘 알고 있다고 생각했습니다. 정말 그럴까요? 안다와 함께 살던 커다란 집을 벗어나 광활한 대지 위에 오롯이 홀로 서 있는 소소는 어떤 생각을 하고 있을까요? 소소가 원하는 것은 과연 무엇일까요?

울타리 너머

마리아 굴레메토바 지음 | 이순영 옮김 | 북극곰

제4화

이제는 조금씩
거리를 두고

말 많은 안다와 듣기만 하는 소소

『울타리 너머』에 등장하는 소년 안다와 아기 돼지 소소는 숲속 마을 집에 같이 살고 있습니다. 책의 첫 장면에는 안다가 혼자서 말하고, 소소는 듣기만 합니다. 안다는 소소에게 어울리는 옷이 무엇인지, 소소가 무얼 하고 놀면 좋을지 뭐든 안다고 생각했습니다. 하지만 소소는 안다가 원하는 대로 그 자리에 있지만, 어딘지 모르게 편안해 보이지 않습니다.

『울타리 너머』의 소년 안다를 가만히 보고 있노라면 아이에게 일방적으로 이야기하고 있는 엄마인 내가, 아이의 개성은 무시한 채 내 마음대로 입을 옷을 건네는 엄마인 내가, 아이의 생각은 무시한 채 아이가 해야 할 공부나 직업을 먼저 제안하는 엄마인 내가 떠오릅니다. 그에 비해 아기돼지 소소를 가만히 보고 있노라면 엄마의 일방적인 이야기에 지친 내 아이가, 엄마가 건넨 옷이 아닌 다른 옷을 좋아하던 내 아이가, 엄마가 하라는 대로 공부하지 않고, 뒤돌아 자신이 좋아하는 것을 찾아 나섰던 내 아이가 떠오릅니다.

내가 낳았다는 이유로, 내가 키웠다는 이유로, 내가 널 제일 잘 안다고 생각하며 내 마음대로 아이를 휘둘렀던 건 아닐까요? 아이가 말을 다 끝마치기도 전에 미리 아는 체하며 듣지 않았던 일이 무수히도 많습니다. 실망하며 돌아서던 아이는 어떤 마음이었을까요? 내 기준으로만 아이를 함부로 재단하진 않았는지 생각하면 부끄럽기 짝이 없습니다.

울타리 너머로 떠난 소소

소소는 안다와 살았던 커다란 집의 울타리 너머 세상으로 달려 나갑니다. 두 발로 걸었던 소소가 집 밖에서는 네 발로 달려 나갑니다. 이 장면에서는 엄마의 눈을 피해 세상 속에서 자유롭게 원하는 모양대로 살아갈 내 아이가 떠오르기도 합니다.

한번은 아파트 단지에서 짧은 교복 치마차림의 여학생이 화장을 열심히 지우고, 체육복 바지로 갈아입은 후, 집으로 들어가는 모습을 본 적이 있습니다. 여느 아이들처럼 엄마에게 혼날까 봐 밖에서의 모습과 다른, 엄마가 원하는 모습으로 변신하는 것이겠죠. '그때는 그럴 때지'라며 피식 웃기도 하고, 나의 사춘기 시절을 떠올리기도 했습니다. 하지만 막상 내 아이가 그런다고 생각하면 염려의 바람이 쌩하니 불어옵니다.

학교에서 문제가 생겨 부모 상담을 하다 보면 "우리 아이가요?"라며 놀라는 부모님을 많이 만납니다. 소소처럼 집이라는 울타리를 넘으면 엄마가 원하는 모습이 아닌, 자신이 원하는 모습으로 살아가는 아이들이 많습니다. 매번 화장을 지우고, 교복을 갈아입으면 번거롭지 않냐는 물음에 "이런 모습을 알면 잔소리가 장난 아닐걸요. 집에선 엄마가 원하는 모습으로 살아야죠"라고 대답합니다. 아이들은 얼마나 답답할까요?

소소가 울타리 너머의 언덕에서 야생 멧돼지 친구 산들이를 만난 것처럼, 우리 아이들에게도 학교에 가면 나를 알아주는 친구, 일방적이지 않은 친구를 만날 수 있습니다. 소소가 산들이를 만나 안다가 이야기하는 소소가 아닌 진정한 자신을 찾아가는 것처럼 우리 아이들도 친구를 통해 진짜 자기를 찾는 여행을 떠납니다.

부모의 울타리를 넘어야 하는 사춘기

아이가 어른이 되려면 엄마라는 울타리를 넘어 자신만의 세상으로 나아가야 합니다. 엄마가 보기에 어설퍼 보이지만 시행착오를 거쳐 스스로 삶을 개척해나가는 과정이 아이에게 꼭 필요합니다. 이것은 자녀에게는 독립이겠지만, 아이를 떠나보내야 하는 엄마에게는 큰 상실로 다가옵니다. 함께 거리를 걸을 때 아이가 더 이상 손을 잡지 않는 모습에 울컥 눈시울이 붉어지기도 합니다. 또 다른 '나'인 아이가 떠나가는 게 마치 나를 잃는 것처럼 마음이 찢어집니다. 하지만 우리는 부모로부터 독립되길 원하고, 친구들과 더 많은 시간을 보내길 원하는 아이의 마음을 존중해야 합니다. 아이를 잘 떠나보내지 못하는 엄마는 내가 모르는 울타리 너머의 아이 모습이 계속해서 확장되는 게 불안하기만 합니다. 아이에게 꼬치꼬치 물어 정보를 캐내려고 노력합니다. 그럴 때, 아이는 어떤 감정을 경험할까요? 침범당하는 마음에 불편하고 거북해하는 게 아이의 속마음 입니다. 아이는 이제 나도 어른이 되어 가는데, 엄마가 나란 사람의 주체성이나 자율성을 훼손한다고 생각할 뿐 입니다. 이렇게 되면 엄마와의 관계는 더욱 악화될 수밖에 없습니다.

그 어떤 때보다 사춘기 자녀와의 거리조정이 필요한 발달상의 이유는 무엇일까요? 사춘기 때 중요한 과제 중 하나는 정서적 의

존 없이 자신과 타인을 이해하고 좋아하고 존중할 줄 아는 것입니다. 아이는 이제 엄마의 의견이 아니라 자신의 소신과 가치, 관심사에 따라서 친구를 선택하고 싶어 합니다. 관계에 있어서도 내가 주체가 되고자 합니다. 부모와 분리되고 독립하고자 하는 아이의 욕구는 이토록 자연스러운 것입니다. 의존하지 않고 스스로 해보기 위해서는 필연적으로 그동안 동경하고 의지해왔던 부모로부터 심리적으로 멀어져야 합니다.

만약 아이가 계속해서 부모의 울타리 안에서 살아간다면 어떻게 될까요? 아이는 자신이 원하는 참자기(true self)의 모습은 발견하지 못한 채, 부모가 원하는 거짓 자기(false self)로 살아가게 됩니다. 내가 원하는 대로 살지 못하니 얼마나 무미건조 할까요? 어떤 일을 해도 생동감이 없고, 생생함을 경험하지 못하는…. 살아 있으나 죽은 듯 살아가게 될 겁니다. 껍데기만 남은 빈 소라처럼 말입니다.

모닥불의 거리만큼, 우리 사이도 그렇게…

다가가면 멀어지고 떠나기엔 또 가까운 우리 사이. 사춘기 아이와 엄마인 나 사이의 적당한 거리는 어느 만큼일까요? 사춘기 아이와는 모닥불의 거리만큼 거리를 조정하는 연습이 필요합니다.

너무 가깝게 모닥불에 다가가면 어떻게 될까요? 불에 데고, 아프고, 결국엔 불에 타 자신의 존재가 없어질지도 모릅니다. 그렇다고 모닥불에서 너무 멀어지면 어떨까요? 너무 추워서 따뜻한 온기가 필요해집니다. 딱 그만큼의 거리가 부모와 사춘기 자녀 사이에 필요한 거리입니다.

사춘기 엄마는 모닥불과 같이 항상 같은 자리에서 '안전기지'로 더욱 굳건히 그 자리를 지켜야 합니다. 아이들은 독립을 원하면서도 필요할 때, 손쉽게 도움을 청할 수 있는 엄마를 원합니다. 여전히 끈끈한 연대감을 원하는 것이죠. 실패했을 때도, 실수했을 때도, 좌절되었을 때도, 여전히 가장 먼저 떠오르는 얼굴은 '엄마'일 것입니다. 아무리 혼자 잘 살 수 있다고 큰소리 쳐도 모진 바람 앞에서는 따스한 불이 필요해지기 마련이니까요.

아이가 힘들어 보이는데 어떤 설명도, 이야기도 하려고 하지 않을 때, 꼬치꼬치 물어보고 싶은 마음이 들 수 있습니다. 하지만 모닥불은 그 자리에서 불만 낼 뿐 움직이지 않고 기다립니다. 아이들에게 필요한 건 그 자리에서 기다려주며, 위로가 필요해 다가올 때는 기꺼이 기쁜 마음으로 의존할 수 있게 해주는 엄마일 것입니다. 하지만 아이에게 엄마가 필요하지 않을 때는 기꺼이 물러나 거리를 지켜줘야 합니다. 그렇게 엄마는 아이가 멀어지면 멀어지는 대로, 가까워지면 가까워지는 대로 모닥불과 같이 그 자리에서 굳건히 기다려야 합니다.

지랄발광 사춘기 ∞∞∞ 흔들리는 사십춘기

무엇보다 "~ 해라", "말 잘 들어라!"라는 수직적인 대화 방식은 이제 더 이상 효과적이지 않습니다. 오히려 아이와의 거리조절에 실패해 아이를 하얗게 불태울 수 있습니다. 재가 되어버린 아이는 너무 뜨거운 모닥불이 무서워 다시 찾아오지 않을 수 있습니다. 사춘기 아이와 대화하기 위해서는, 나와 너를 같은 선상에 놓고 수평적인 대화를 시도해야 합니다. 자연스럽게 대화가 시작돼야 하는데 엄마가 작정하고 덤비면 아이는 준비되지 않은 채, 자신의 영역을 침범 받았다고 느낄 수 있습니다. 또는 대화에 집중하지 않고 스마트폰만 만지작거리는 아이의 모습에 화가 나서 그 모습만 지적한다면 정작 중요한 대화는 하지 못한 채, 관계만 더 어색해질 뿐입니다.

대화를 하는데 있어 우리 사이에 중요한 것이 무엇인지 먼저 생각해봐야 합니다. 조금이라도 가르치거나, '라떼는 말이야' 식의 이야기가 나온다면 바로 꼰대로 취급당할 것입니다. 마음을 비우고 아이의 이야기를 들어주다가, 혹여나 엄마의 생각을 묻는다면 조심스럽게 타이르며 조언해주는 기술이 필요합니다. 이제는 울타리 너머의 자녀를 고유한 존재로 바라보는 적당한 거리가 필요한 때입니다.

안다가 꾸며준 모습 그대로 어색하게 앉아있던 소소는 마침내 거추장스러운 옷을 하나, 둘 벗어 던지고 울타리 너머로 달려갑니다. 책의 마지막 장면에서 소소는 자기만의 세상을 향해 산들이와 자유롭게 뛰어갑니다. 이러한 장면을 떠올리면 어떤 생각이 드나요?

 울타리 너머로 달려가는 아이를 마음껏 응원해 주세요. 내가 아닌 친구와 엎치락뒤치락 뛰어가는 아이를 마음껏 환호해 주세요. 나와의 적당한 거리에 서있는 아이가 자기를 찾아 여행을 떠나는 것처럼, 나도 엄마가 아닌 '나'를 찾는 여행을 떠나면 어떨까요? 위기이기도 하지만 인생의 황금기이기도 한 중년기. 자녀와 외부 세계로 향했던 에너지를 이제는 오롯이 나에게 집중해 볼 시간입니다.

그림책 활동

한 권의 그림책을 더 만나볼까요?

적당한 거리
전소영 지음 | 달그림

사람들 사이에서 상처 주지 않기 위해 유지해야 할 적당한 거리를 집에서 키우는 화분에 비유하여 이야기한 책입니다. 때로는 자녀와 거리가 너무 가까워, 때로는 자녀와 거리가 너무 멀어 상처를 줄 때는 언제일까요? 이 책을 통해 자녀와 적당한 거리에 대해 차분히 생각해보는 기회를 갖는 것은 어떨까요?

1. 식물도 관심이 지나쳐 물이 넘치면 뿌리가 물러지고, 마음이 멀어지면 곧 말라버립니다. 그렇다면, 사춘기 자녀와 엄마인 나의 적당한 거리는 어떤 모습일까요?

2. 식물들도 성격이 모두 다르듯, 우리 아이도 성격이 나와 다릅니다. 우리 아이는 나와 어떤 부분이 다른가요?

3. 사십춘기인 나를 위해 지금 내가 할 수 있는 건 무엇일까요?

4. 사춘기 자녀를 위해 지금 내가 할 수 있는 건 무엇일까요?

"그렇게 모두 다름을 알아가고
그게 맞는 손길을 주는 것.
그렇듯 너와 내가 같지 않음을 받아들이는 것.
그게 사랑의 시작일지도."

『적당한 거리』 중에서

지랄발광 사춘기 ◊◊◊◊ 흔들리는 사십춘기

Q.

[좋아하거나 즐기는 취미 있나요?
혹시 배우고 싶은 건요?]

최선을 다해 새롭고, 특별하고, 놀~라운 걸 만들어 낸 테일러는 뿌듯했습니다. 그런데 난데없이 새들이 날아와 공들여 만든 성이 무참히 무너지고 말았죠. 절망에 빠져 쪼그려 앉은 채 바닥만 하염없이 쳐다보고 있던 테일러를 위로하고자 동물들이 다가옵니다. 하지만 테일러는 마음의 문을 쉽게 열지 않습니다. 어떻게 하면 테일러는 마음의 문을 열고 다른 이의 위로를 받아들일 수 있을까요?

가만히 들어주었어
코리 도어펠드 지음 | 신혜은 옮김 | 북뱅크

제5화

사춘기 아이의 마음에
가만히 다가가는 엄마

마음을 굳게 닫아버린 사춘기 아이들

사춘기에 접어든 우리 아이는 지금껏 내가 잘하리라 믿었던 많은 것에서 실패와 좌절을 경험하고 있습니다. 공부도, 친구도, 가족도, 자신조차 모든 것이 내 맘 같지 않아 속상한 마음에 엉뚱한 데서 갑자기 화를 내고 울기도 합니다. 아이의 혼란을 지켜보는 엄마는 걱정되는 마음에 아이에게 다가가고자 노력합니다. 최선을 다해 아이 마음을 위로해보고자 애를 씁니다. 하지만 아이는 입도, 마음도 굳게 닫은 채 도무지 이야기할 기미를 보이지 않습니다.

『가만히 들어 주었어』에서는 그동안 열심히 만들었던 대단한 무언가가 무너져 절망에 빠진 주인공 테일러가 등장합니다. 큰 실의에 빠진 테일러는 그저 몸을 웅크리고 무기력하게 앉아있을 뿐, 이제 더 이상 그 어떤 것도 하고 싶지 않았습니다. 동물들은 걱정되는 마음에 테일러를 위로하고자 다가옵니다. 저마다 자기가 생각하기에 가장 좋은 방식으로 테일러를 위로해봅니다.

계속 이야기해보라는 꼬꼬 닭
화가 나면 소리를 지르라는 곰
내가 다 고쳐준다는 코끼리
웃어넘기라는 하이에나
아무 일 없던 것처럼 숨어버리라는 타조
다른 애들 것도 다 무너뜨려 버리자는 뱀

저마다 모두 좋은 의도였습니다. 하지만 테일러는 그 어떤 것도 하고 싶지 않았습니다. 그 누구도 테일러를 위로하지 못한 채 모두 떠나버렸습니다. 결국 테일러는 덩그러니 혼자 남았죠. 마음의 문을 굳게 닫은 테일러. 테일러는 어떻게 하면 마음의 문을 열고, 누군가의 위로와 공감을 받아들일 수 있을까요?

공감은 '너의 입장에서 기꺼이 들으려는 태도'입니다.

너무 힘들고 고통스러울 때, 마주 앉은 누군가와 눈만 마주쳤을 뿐인데도 눈물이 왈칵 쏟아진 경험, 있으신가요? 그럼 그때의 그 사람을 떠올려봅시다. 그 사람은 어떤 태도로 내게 다가왔던가요? 어떤 눈빛과 표정을 담고 있었나요?

인간중심 상담의 창시자 칼 로저스(Carl Rogers)는 공감이란 자신이 직접 경험하지 않았음에도 타인의 감정을 타인과 거의 같은 수준과 내용으로 이해하는 것이라고 했습니다. 즉 공감이란 마치 내가 일시적으로 그 사람이 된 것처럼 가정하고, 그 사람의 입장이 되어보는 것입니다. 내 수준이 아닌 그 사람의 수준으로, 내 관점이 아닌 그 사람의 관점으로 이해하려고 노력하는 태도가 바로 공감이라고 할 수 있습니다.

공감이 중요하다는 건 누구나 다 알지만 생각보다 쉽지 않습니다. 내가 끼고 있는 안경을 잠깐 내려놓고 그 사람의 안경을 쓴다는 것은 매우 어려운 일입니다. 내 생각과 경험을 배제하고 그 사람의 경험을 있는 그대로 받아들이는 것은 결코 쉽지 않습니다. 그렇다고 나라는 존재를 다 버리고 그 사람의 마음에만 동화하라는 것은 아닙니다. 상대의 마음을 관찰하는 나는 여전히 유지되어야합니다. 그래야 내 감정과 그 사람의 감정이 섞여버리지 않을 수 있으니까요. 같은 상황에서 나는 슬픔을 느낄지라도 그 사람은 분노를 느낄 수 있습니다. 동화가 되면 그 사람의 감정을 보지 못하고 내 감정대로만 가정하여 공감에 실패할 때가 종종 있습니다.

새 학년이 되어 첫 소풍을 다녀온 딸이 혼자 도시락을 먹었다는 이야기를 했습니다. 그 말을 듣자, 엄마인 나는 괜히 속상합니다. 걱정되는 마음에 외롭지 않았냐고 묻자, 딸은 "오히려 편했어. 아직 친한 친구가 없어서 같이 먹었으면 더 불편했을 것 같아. 친해지고 싶은 친구가 있는데 내일 다가가 보려고"라며 의외의 대답을 했습니다. 내심 놀랐지만, 겉으로 표현하지는 않았습니다. 엄마인 내 입장에서는 '외로움'을 느꼈을 거라고 생각했는데 '편안함'이라니…. 이럴 때 엄마는 "어떻게 그게 편할 수 있어?"라고 핀잔을 주기보다 아이의 감정을 있는 그대로 들어주고 공감할 수 있어야 합니다. 왜냐하면, 공감은 내 마음이 아니라 상대의 마음을, 상대의 눈높이에서 이해하는 것이기 때문입니다.

그래서 잘 들어야 합니다. 공감의 시작은 경청입니다. 내가 이럴 거라고 예상할 것이 아니라 아이의 생각과 감정에 귀를 기울여야 합니다. 아이의 감정을 엄마가 똑같이 느낄 수 없다는 한계를 인정하는 것이 경청의 시작입니다. 엄마인 나와 사춘기 아이 모두 각자의 생각과 감정을 지닌 존재이므로 같은 상황에 처해도 완전하게 똑같은 감정과 생각을 경험하는 것은 불가능합니다. 따라서 단정 짓기보다는 물어보고, 아이가 마음을 열 때까지 기다리는 태도가 가장 중요합니다.

"사춘기 아이가 말을 안 하는데 어떻게 해야 할까요?" 답답한 마음이 들 수도 있습니다. 잘 들어준다는 것이 꼭 말로 하는 언어적인 의사소통만을 포함하는 것은 아닙니다. 아이의 모든 행동, 눈빛, 표정이 보내는 메시지를 눈여겨보고, 듣고, 마음에 새기는 것이 모두 공감입니다.

집에만 오면 조잘댔던 아이가 방문을 쿵 닫고 들어가 버리거나, 자기 방에 틀어박힌 채, 아무리 불러도 방에서 나오지 않을 때도 많습니다. 이럴 때 엄마는 걱정되는 마음에 이것저것(심지어 집요하게) 캐묻고 싶은 게 당연합니다. 아이로부터 어떤 대답을 들어야지만 엄마 마음이 안심되고 괜찮아질 것 같습니다. "무슨 말이라도 해봐! 내가 다 공감해볼게!"라며 마음이 앞서지만 아이는 아직 말할 준비가 되지 않았습니다. 사실 아이도 어떤 말을 어떻게 해야 할지 아직 잘 모를 수도 있습니다. 이때, 아이의 수준에서의 공감은 '기다림'입니다. 아이의 눈높이에서, 아이의 속도에 맞춰, 믿고 기다리는 엄마가 아이에게 필요합니다. 그림책 속의 가만히 다가왔던 토끼처럼요.

그저 옆에서 가만히 들어주었습니다

혼자 남겨진 테일러. 여전히 속마음을 그 누구에게도 말하고 싶지 않았습니다. 테일러는 아직 털어놓고, 공감 받을 마음의 준비가 되지 않았나 봅니다. 그런 테일러의 마음을 테일러의 수준에서 알아차려 준 토끼는 조용히 다가옵니다. 너무 조용해서 다가오는지도 모를 만큼. 토끼는 아주 조금씩, 조금씩 테일러의 마음의 속도에 맞춰 조심스레 다가왔습니다. 그가 따뜻한 체온을 느낄 때까지 천천히 다가왔습니다. 그렇게 한동안 둘은 말없이 앉아만 있었습니다.

사춘기 자녀를 공감하기 위한 첫 번째 단계는 기다리며 듣는 태도입니다. 아이와 맺은 관계의 그 거리만큼 기다림의 시간이 더 길어질 수도 짧아질 수도 있습니다. 기다림의 시간 속에 그냥 두면 내 마음을 모를까, 더 삐딱해지진 않을까, 더 멀어지진 않을까 두려울 수 있습니다. 하지만 절대 그렇지 않습니다. 공감의 마음가짐으로 아이를 믿고 기다리는 엄마를 아이는 본능적으로 알아차립니다. 엄마가 노력하고 애쓰고 있다는 것을 아이도 압니다. 엄마라면 내 어떤 이야기도 있는 그대로 들어줄 수 있다는 것을 믿게 되면 그때부터 마음의 문을 엽니다. 공감적인 기다림 없이는 아이의 마음을 얻을 수도, 아이가 어떤 이유로 힘들어하고 슬퍼하지도 알 수가 없습니다.

얼마나 시간이 지났을까요. 그저 옆에 앉아 기다려주었던 토끼에게 테일러는 마음의 문을 엽니다. 하나씩 하나씩 자신의 이야기를 들려줍니다. 토끼는 테일러가 이야기를 하다가 소리를 지를 때도, 숨어버릴 때도, 누군가에게 복수할 계획을 세울 때조차 어떤 판단도 하지 않고 다 들어줍니다. 이 모든 과정에서 테일러의 곁을 한순간도 떠나지 않습니다. 어느덧 속상한 마음이 풀렸는지 테일러가 말합니다. "나 다시 만들어볼까?" 그제야 토끼는 고개를 끄덕입니다. 좌절을 딛고 다시 일어선 테일러는 이제 얼마나 더 멋진 작품을 만들어 낼까요?

답이 없을 것만 같은 절망적인 순간에도 누군가 진심으로 들어주면 해결의 실마리를 찾을 수 있습니다. 내 이야기를 귀담아 들어주는 단 한 사람으로 인해 앞으로 나아갈 힘을 얻게 됩니다. 특히 사춘기를 지나고 있는 우리 아이들에게 필요한 건 토끼처럼 가만히 있어 주며, 공감적인 태도로 가만히 들어주는 엄마일지도 모릅니다. 엄마는 아이에게 "괜찮아? 엄마한테 말하고 싶으면 언제든지 이야기해. 엄마가 기다릴게"라고 이야기할 수 있습니다.

기억해야 할 것은 내 입장이 아닌 아이의 입장입니다. 내 속도가 아닌 아이의 속도입니다. 내 안경이 아닌 아이의 안경입니다. 지금 우리 아이는 어떤 안경을 끼고, 어떻게 자신과 세상을 바라보고 있는지 궁금해 하고 듣고 싶은 태도로 아이를 기다리는 겁니다. 어느새 테일러처럼 엄마에게 모든 걸 털어놓으려는 아이를 만나게 될 것입니다.

 그림책 활동

그림책에 더 깊이 머물러 볼까요?

1. 나는 아이에게 어떤 태도로 공감하나요? 그림책의 어떤 동물과 가장 닮아있나요?

2. 아이의 솔직한 마음을 듣지 못하게 하는 나의 편견과 판단은 무엇인가요?

3. 아이의 속도에 맞춰 마음의 문을 열기까지 기다리는 엄마가 되기 위해, 어떤 말과 행동을 해볼 수 있나요?

아이의 다양한 감정에 공감하는 대화를 위한 팁

- 엄마가 차분히 시간을 내서 아이 이야기를 충분히 듣기
- 아이를 신중히 기다려주며, 어떤 이야기라도 수용할 수 있는 마음의 준비하기

1. 슬프고, 두렵고, 불안한 아이에게

"언제든 걱정되는 일들이 생기면 엄마에게 이야기해줄 수 있니? 엄마가 기다릴게"

- 자녀의 말 경청하기, 어떤 감정이든 수용하기, 지금도 충분히 잘하고 있다고 안심시키기

2. 화를 내고, 비난하는 아이에게

"잠깐 멈추고 감정이 가라앉은 후 다시 이야기하자"

- 안정된 공간에서 이야기하기, 혼내듯이 말하는 것은 피하기

지랄발광 사춘기 ◇◇◇◇ 흔들리는 사십춘기

3. 중요한 문제를 회피하려는 아이에게

"이건 매우 중요한 문제야, 함께 생각해보자"

- 심각성을 이해할 수 있도록 설명하기, 공포감을 조성하거나 협박하지 않기

4. 모든 것에 지루해하고 짜증 내는 아이에게

"지금 아무것도 하고 싶지 않아 짜증나는구나. 그래. 그럴 수도 있겠다. 엄마랑 다른 무언가를 해볼 수 있을까?"

- 모든 감정은 옳다는 태도로 수용하기, 같이 할 수 있는 활동을 찾아 해보기

"토끼는 테일러의 이야기를 가만히 들어주었어.
토끼는 테일러가 소리 지르는 것도 가만히 들어주었어.
테일러가 숨고, 상자에 다 넣어버리고,
누군가에게 복수할 계획도 가만히 들어주었어.
그러는 내내, 토끼는 테일러 곁을 떠나지 않았어."

『가만히 들어주었어』 중에서

가시투성이인 한 소년이 있습니다. 가시투성이기 때문일까요? 입만 열면 뾰족한 가시가 마구 튀어나가고, 조금만 건드려도 고슴도치처럼 온몸을 가시로 곤두세웁니다. 가장 크고 날카로운 가시를 가져서 아무도 나를 건들지 못하게 할 거라며 소리치는 가시소년. 왜 이렇게까지 뾰족하고 아픈 가시로 무장하고 싶어 할까요?

가시소년

권자경 글 | 하완 그림 | 천개의바람

제6화

아이의 행동 이면에 담긴
감정과 욕구에 주목하기

가시로 무장된 사춘기 아이

　이 책의 주인공 가시소년은 가장 크고 날카로운 가시를 갖고 싶어 합니다. 뾰족한 말을 하고, 조금이라도 마음에 안 들면 사람들을 가시로 찌릅니다.

　사춘기 아이들은 가시소년과 같습니다. 조금이라도 마음에 안 들면 품고 있던 가시로 콕콕 찔러댑니다. 예전 같으면 그냥 넘어갈 말도 꼭 꼬투리를 잡고 늘어지면서 엄마를 괴롭힙니다. 엄마가 "우리 예쁜이~"라고 했을 뿐인데, "내가 뭐가 예뻐? 다신 그런 소리 하지 마" 버럭 소리를 지르며 경고합니다. "엄마 눈엔 제일 예뻐"라고 하자, 화가 잔뜩 난 얼굴로 "엄마 눈에 예쁘면 뭐해!! 다른 사람 눈엔 내가 얼마나 못생겼는데!!" 하며 엄마가 나를 이렇게 못나게 낳아서 속상하다며 원망합니다. 아니, 내가 낳은 딸인데, 마음에 잔뜩 아픈 가시가 콕콕 박힙니다.

자기 입장에서 마음에 들지 않으면 가시를 쏘아대는 아이 덕에 하루하루가 살얼음판을 걷는 느낌입니다. 조심한다고 해도 어디서 어떤 시한폭탄이 터져 나를 찔러댈지 알 수가 없습니다. 도대체 애는 왜 이렇게 삐딱할까…. 뭐가 그렇게 마음에 안 들까…. 사사건건 시비를 걸고 날 힘들게 할까…. 참고 참다가 엄마도 가시를 날립니다. 삐딱한 사춘기와 속 터지는 사십춘기의 숨 막히는 전쟁입니다. 예민한 두 사람이 만나 싸우는 악순환이 계속될수록 아이와 엄마의 관계는 소원해지고 서먹해지기 마련입니다.

사춘기 아이: 행동 이면의 욕구와 감정에 주목하기

모든 관계의 시작이 '공감'이라는 것을 익히 들어 너무나도 잘 알고 있습니다. 끊어진 관계를 다시 회복하는데 있어 공감만큼 강력한 것은 없습니다. 공감에서 언급한 가만히 들어주는 태도와 함께 기억해야 할 것은 아이가 보이는 행동 이면의 욕구와 감정에 주목하는 것입니다.

단순히 "슬펐구나. 화가 났구나" 하는 감정만 알아주기보다,

그 이면의 욕구를 알아줄 때 훨씬 더 깊은 수준의 공감을 할 수 있습니다. 욕구는 그 사람의 의도입니다. 그리고 어떤 의도든 잘 해보고 싶은 마음이 담겨 있습니다. 아이는 어떤 걸 잘하고 싶었을까요? 그런데 무엇이 좌절되었을까요? 왜 이렇게 가시가 돋칠 수밖에 없었을까요? 이런 궁금증을 갖는 것이 아이의 욕구를 살펴보는 것입니다. 누구든 욕구가 좌절되면 우울, 불안, 분노, 짜증 등 부정적인 감정에 압도됩니다. 그런 감정들이 모여 가시 돋친 행동이나 말로 표현됩니다. 물론 사춘기 호르몬의 특징으로 인해, 정서적인 예민함 때문에, 급격한 인지발달 때문에 가시가 튀어나오기도 합니다. 하지만 그럼에도 아이의 마음에는 이유가 있습니다. "사춘기라서 저래"라는 말로 넘어가선 안 됩니다.

엄마는 아이의 감정과 이면에 숨겨진 욕구를 공감적으로 바라봐야 합니다. 해결해주지 않아도 괜찮습니다. 어떤 거창한 말을 해주지 않아도 됩니다. 그저 아이의 말과 행동을 관찰하듯 바라보며, 그 이면의 욕구와 감정을 궁금해 하고 알아주기만 해도 됩니다. 누군가 내 마음을 깊이 있게 이해해준다고 느낄 때, 내 의도를 알아준다고 느낄 때, 우리는 변하고 나아갈 희망을 얻습니다. 그것이 바로 알아줌, 공감의 힘입니다.

책에 등장하는 가시소년에게 주목해볼까요. 가시를 세워 다른 사람을 힘들게 하는 행동만 했기 때문에, 사람들은 이 소년의 겉으로 드러난 행동만 보고 도망가기 바빴습니다. 가시소년은 이렇게 말하죠..

"모두 나를 무서워하게 될 테니까, 가시를 곤두세우면 아무도 나를 건드리지 않아."

보통의 우리는 '뭐 이런 애가 다 있어. 왜 이렇게 까칠한 거야' 같은 생각을 합니다. 하지만 엄마는 이 말의 의미를 깊이 생각해봐야합니다. '왜 모두 너를 무서워해야만 하는 건지, 왜 아무도 건드리면 안 되는지…' 가시소년의 마음을 한 번 더 들여다봐야 합니다.

바로 알아차리기 힘들어도 관심 있게 지켜본다면 차츰차츰 아이의 속내를 알게 될 것입니다.

사실 가시소년은 거친 겉모습과 다르게 속내는 여린 아이였습니다. 눈물이 날 만큼 혼자 있는 게 싫었습니다. 사람을 좋아하는 만큼 관계에서 받을 상처가 무서웠습니다. 어릴 때 엄마, 아빠가 그렇게 싸웠으니까. 싸움의 가시로 날 마구 찔렀으니까… 내가 마음을 열고 의지하는 순간, 누군가 나를 찌르지 않을까. 그래서 내가 상처받기 전, 다른 사람을 먼저 공격할 수밖에 없었습니다. 이처럼 가시 돋친 행동이 아닌 그 이면의 감정과 욕구를 이해하면 가시소년에 대해서 더 깊이 공감할 수 있게 됩니다. 그의 두려움을 꼭 안아주고 싶은 마음이 생깁니다.

모든 감정과 욕구는 옳다는 태도로 연습하기

아이가 보이는 행동 이면의 욕구와 감정을 알아차리는 것은 쉽지 않습니다. 보이지 않고, 모호하기 때문에 아이의 상황에서, 아이의 눈높이에 맞춰, 아이의 수준으로 이해하는 일은 참 어렵습니다. 그래서 꾸준한 연습이 필요합니다. 엄마가 먼저 스스로를 들여다보는 연습, 내 욕구와 감정을 알아차리는 연습, 내 욕구와 감정에 대해 '타당화'하는 연습을 해야 합니다. 내가 나에게 할 수 없다면 절대 자녀에게도 할 수가 없습니다.

나는 왜 자꾸 아이가 공부하지 않으면 참지 못할 정도로 화가 나는 것일까요? 나는 왜 아이가 친구와 어울리지 못하고 겉돌까 봐 불안한 것일까요? 나는 왜 자꾸 아이만 보면 잔소리를 하게 되는 것일까요? 내 모든 행동과 생각 이면에는 나의 욕구와 감정이 있습니다. 하지만 부정적인 감정을 마주하며, 그 감정 안에 숨겨진 욕구를 살펴보는 것은 참 힘든 일입니다. 부정적인 감정은 마음을 힘들게 하니 일단 피하고 싶은 게 당연한 마음이죠. 지금까지도 덮어둔 채로 그럭저럭 잘 지나갔기 때문에, 굳이 꺼내 긁어

부스럼을 만들고 싶지 않으니까요.

　하지만 이렇게 하면 변화가 없습니다. 아이는 고사하고 내 스스로도 날 공감하며 안아주기가 힘들어집니다. 그래서 욕구와 감정에 대해서 더 공부해야 합니다. 살아가면서 느끼는 모든 감정은 긍정적이든 부정적이든 타당합니다. 감정엔 좋고 나쁜 것이 없다는 것을, 모든 감정은 자연스럽고 유익하다는 것을 인정해야 합니다. 우리가 부정적인 감정이라고 말하는 두려운 감정은 내가 다치지 않게 보호해주고, 우울한 감정은 내게 위로와 지지가 필요함을 알게 해주고 타인과 나눌 수 있게 해줍니다. 또한 불안한 감정은 위험한 상황에 미리 대처할 수 있게 도와줍니다. 이 모든 것이 자연스러울 뿐 아니라 유익하지 않을까요? 물론, 감정을 너무 억압하여 느끼지 못하거나 감정이 지나치게 넘치면 심리적인 문제로 이어질 수는 있지만, 감정 자체는 결코 나쁘지 않습니다.

　그렇기 때문에 부정적인 감정을 마주했을 때 억압하거나, 비난하거나, 도망가는 것이 아니라 열린 마음으로 궁금해 하며 내 마음에 다가가야 합니다. 파도를 타듯, 밀려오는 감정의 파도에 몸을 맡기며 머무르다 보면, 감정이 명료해지고 차분해 지면서 진짜 내가 원했던 내 의도와 욕구가 드러날 것입니다. 어떤 의도든 좋고 타당하며, 또 모든 감정에는 이유가 있습니다. 마음을 살펴보는 것만으로도 위로가 되며 더 긍정적인 관계를 위해 나아갈 힘을 얻게 될 것입니다. 그리고 무엇보다도 내 아이의 행동 이면의 욕구와 감정이 느껴지고 공감할 힘이 생길 것입니다.

책에 나오는 가시소년의 가시 이면에 숨겨진 감정과 욕구를 누군가가 주목하여 알아주지 않았을까요? 어떤 감정이나 욕구도 다 괜찮다는 열린 마음과 수용적인 태도로 아이의 마음을 들여다 봐 주었을 겁니다. 그러니 아이에게 변화가 일어났습니다. 겉으로 보이는 가시 돋친 행동에만 주목하지 않고 내 감정과 욕구까지도 알아봐 준 이를 통해 아이는 존재 자체를 수용 받는 느낌이 들었을 겁니다. 이때, 아이가 들려주는 이야기는 우리의 마음을 감동시킵니다. 그 누군가가 우리 아이에게 있어선 엄마인 '내'가 되었으면 좋겠습니다.

"활짝 웃으면서 하고 싶은 말이 있거든.
나랑 놀자, 나를 안아주세요, 나는 너를 좋아해."

그림책 활동

한 권의 그림책을 더 만나볼까요?

내 말 좀 들어 주세요
윤영선 글 | 전금하 그림 | 문학동네

동물들은 마음속에 꽁꽁 숨겨둔 자신의 이야기를 꺼내놓습니다. 외톨이, 심술꾸러기, 응석받이, 우두머리, 울보, 싸움꾼, 겁쟁이…로 보이는 동물들의 모습 뒤에 감춰진 속마음을 깊이 들여다보며 내 아이의 마음에 더 가까이 다가가 보는 건 어떨까요?

1. 우리 아이는 어떤 동물의 모습과 가장 닮아있나요?

2. 그 동물의 행동 이면의 욕구와 감정은 무엇일까요?

3. 우리 아이가 보이는 행동 이면의 욕구와 감정은 무엇일까요?

"내 말을 들어 주어 고마워요.
마음이 한결 가벼워졌어요."
『내 말 좀 들어 주세요』 중에서

지랄발광 사춘기 ◊◊◊◊ 흔들리는 사십춘기

Q.

[건강이 제일인 거 알죠?
건강검진 잘 받고 있는 거, 맞죠?]

아무리 열심히 걸어도 달팽이보다 느린 나무늘보 시오는 매일 학교에 지각합니다. 어느 날, 시오는 늦지 않기 위해 집안의 모든 시계 알람을 맞춰놓고 잠을 잡니다. 시오는 여느 때보다 일찍 집에서 나왔지만, 오늘도 어김없이 학교에 늦고 말았습니다. 매일 반복되는 실패와 좌절 속에서도 시오가 행복할 수 있는 비결은 무엇일까요?

행복한 나무늘보
유수민 지음 | 키큰도토리

제7화

행복한 아이를 만드는 엄마의 칭찬

매일 학교에 늦는 시오에게 해줄 수 있는 칭찬

프랑스의 유명한 사상가 장자크 루소는 칭찬의 중요성에 대해 강조하며 다음과 같이 말했습니다. "한 포기의 풀이 싱싱하게 자라려면 따스한 햇볕이 필요하듯이, 한 인간이 건전하게 성장하려면 칭찬이라는 햇살이 필요하다." 그의 말처럼, 칭찬은 아이를 건강하게 성장하도록 돕습니다. 특히, 태어나 가장 처음 만나는 대상인 엄마로부터 칭찬의 메시지를 자주 받은 아이들은 어떤 상황에서도 자신감 있고 당당하게 성장해 나갑니다.

사춘기 아이도 마찬가지입니다. 안팎에서 일어나는 여러 가지 변화로 혼란스러운 사춘기 아이에게 있어, 엄마의 칭찬은 매우 중요합니다. 엄마의 칭찬은 아이의 흔들리는 마음을 잡아줄 수 있으며, 나도 이만하면 괜찮다는 위로를 통해 좀 더 성장하도록 도울 수 있습니다. 하지만 현실에서 사춘기 아이를 칭찬하기란 여간 어려운 일이 아닙니다. 이해할 수 없는 아이를 볼 때면 한숨만 나올 뿐이죠. 칭찬을 할 마음도, 칭찬거리를 찾는 것도 왜 이리도 어려운지. 아이의 내면에서는 엄청난 성장이 일어나고 있지만, 겉으로 보이는 아이의 행동은 게으르기 짝이 없습니다. 해야 할 일에 대해서는 느릿느릿하게 움직이면서도, 자기가 하고 싶은 것에서는 발 빠르게 움직이는 모습이 때론 얄미워 보일 때가 더 많습니다. 사춘기 아이의 행동에 엄마는 답답하기만 합니다. 중학생이 되었으니 핸드폰만 하지 말고, 숙제나 청소 등 꼭 해야 되는 것들을 먼저 해야 한다고 말해봅니다. 엄마 입장에서는 매우 당연하고 마땅한 이야기이지만, 아이 입장에서는 잔소리일 뿐입니다. 결국, 오늘 하루도 엄마는 지적하고 아이는 짜증을 내며 잠이 듭니다. 다음날 아무 말이라도 건네려고 애쓰지만, 찬바람이 쌩쌩 부는 아이의 표정 앞에 엄마인 나도 입을 꾹 닫게 됩니다. 칭찬, 참 중요하지만 어딘지 모르게 우리 집에서는 전혀 들어볼 수 없는, 지금은 사라진 유럽 어느 왕국의 알 수 없는 언어 같기만 합니다.

『행복한 나무늘보』의 주인공 시오는 모든 것에 아주 느립니다.

치명적인 문제가 하나 더 있었는데 걸음도 너무 느려서 매일 학교에 늦는다는 것입니다. 매일 늦는 것이 자기도 민망한지 내일부터는 학교에 늦지 않겠다고 다짐도 해봅니다. 시오는 아침에 일찍 일어나기 위해 집에 있는 모든 시계를 모아, 알람을 맞추고 잠자리에 듭니다. 다음 날 아침, 평상시보다 일찍 출발한 시오는 열심히 걸었지만, 안타깝게도 달팽이보다 느립니다. 느린데다가 호기심은 또 많아서 학교 가는 길에 좋아하는 것을 마다할 리가 없습니다. 오늘도 어김없이 학교에 도착하기도 전에, 수업종이 울립니다. 아뿔싸! 시오는 또 지각입니다. 만약 내가 시오의 엄마라면 어떤 마음이 들 것 같은가요? 이 아이를 칭찬하고 싶은 마음이 들까요?

결과가 아닌 과정을 알아주는 엄마의 칭찬

미술대회가 있는 날, 오늘도 어김없이 학교에 지각한 시오는 친구들보다 느린 속도로 그림을 그립니다. 친구들이 다 그린 그림을 벽에 붙이기 시작해도 한참을 더 그립니다. 그런데 시오가 미술 대회에서 1등을 했습니다. 어찌된 일일까요? 시오는 항상 느리지만, 포기하지 않고 끝까지 해내는 힘이 있었습니다. 남들보다 느린 자신에 대해 부끄럽게 여기고 실망할 수도 있지만, 그럼에도 끝까지 해낼 수 있는 힘은 어디서 나온 것일까요? 그것은 바로 결과가 아닌 노력하는 과정을 알아주고 인정해주는 엄마의 칭찬이었습니다.

시오의 엄마는 오늘도 시오가 학교에 지각한 것을 알았지만, 곧바로 아이를 다그치거나 혼을 내지 않습니다. 엄마는 시오가 오늘은 어제보다 더 노력했고, 또 내일은 오늘보다 더 노력할 것을 알아주는 사람입니다. 물론 학교 가는 길에 춤을 추고, 곤충을 따라가는 딴짓을 하느라 더 늦어버린 시오의 행동에 대해서는 칭찬은커녕, 화를 내고 싶을지도 모릅니다. 하지만 엄마는 시오가 점점 더 노력하고 있고, 좋아지고 있다는 것을 압니다. 더 넓은 관점에서 아이가 잘 자라고 있다는 것을 인정해줍니다. 결과가 어떻든 매일 더 노력하는 시오를 자랑스러워하는 엄마. 시오도 자신을 그렇게 바라봅니다. 이것이 시오가 포기하지 않고, 끝까지 해낼 수 있는 힘의 원천이자, 행복할 수 있는 비결일 것입니다.

나는 시오엄마처럼 아이의 과정을 믿어주며 바라봐줄 수 있을까요? 매일 부딪히는 현실 속에서 짜증이 먼저 나고, 내일은 잘하겠다고 약속해놓고도 말 뿐인, 매일같이 지겹게도 반복되는 상황 속에 솔직히 아이가 한심해 보입니다. 내가 시오의 엄마였다면, 기껏 시계 알람까지 다 맞춰놓고도 딴짓 하느라 늦었냐며 아이를 다그치고 핀잔을 줬을 게 분명합니다. 아이의 반복된 문제를 고쳐

주고 더 바람직한 방향으로 이끌고 싶은 마음이 크니까 그것이 아이를 위한 엄마의 역할이라 착각하고 있었는지도 모릅니다.

평상시에 누가 봐도 잘하고 있는 아이의 행동을 칭찬하는 것은 정말이지 쉬운 일입니다. 하지만 평범한 그저 그런 일상 속에서 같은 문제를 반복하는 아이를 칭찬한다는 것은 참 어려운 일입니다. 아이가 노력한다고 하더라도 당장 눈에 띄게 달라진 점이 없습니다. 칭찬을 하려면, 최소한 눈에 띄게 변화된 점이 있어야 하고, 어제보단 더 잘하는 것이 분명 있어야 할 텐데… 아무리 찾아봐도 도무지 칭찬거리가 없어 보입니다.

하지만 아이를 칭찬하는데 있어 중요하게 눈여겨보아야할 것은 결과보다 과정입니다. 엄마가 진심으로 알아주어야 하는 것은 아무도 보지 못하는 아이의 아주 작은 사소한 노력입니다. 세심한 주의를 기울이지 않으면 보이지 않는 작은 노력의 과정입니다. 아이가 애쓰는 과정을 알아주고 인정해주는 엄마에게 아이는 힘을 얻습니다. 겉으론 툴툴거릴지 몰라도 속으로는 엄마가 진심으로 자신을 믿어준다는 것을 압니다. 결과에 연연하여 두려워하기보다는 더 나은 무언가를 위해 조금 더 참고 노력했다는 것에 아이는 스스로를 격려하며 자신감을 가질 수 있게 됩니다.

엄마는 아이를 비추는 거울과도 같습니다. 엄마가 자신을 바라보는 시선으로 아이는 앞으로도 자신을 바라보며 살 것입니다. 우리는 모두 아이의 과정을 바라봐주는 엄마가 되었으면 좋

겠습니다. 우리 아이가 잘하는 것도 좋지만, 행복했으면 좋겠습니다. 인생을 살아나갈 때 성취하고 성공을 하는 것도 중요하지만, 그 과정에서 자신을 격려하고 더 사랑해주면 좋겠습니다. 용기를 내어 도전도 해보고, 그 도전 속에 실패하고 실망하는 일이 생기더라도 스스로를 다독이며 위로할 수 있는 아이로 자랐으면 좋겠습니다. 그러기 위해서 어렵지만, 오늘도 나무늘보 시오의 엄마처럼 아이의 노력을 알아주고 자랑스러워하는 엄마가 되기 위해 더 노력하고 싶습니다.

그림책 활동

그림책에 더 깊이 머물러 볼까요?

1. 행동이 너무 느려 매일 지각하는 시오처럼, 자녀의 반복되는 실수나 잘못된 행동은 무엇인가요?

2. 지각하지 않기 위해서 집안의 온 시계를 끌어안고 잔 시오처럼, 그럼에도 불구하고 아이가 어제보다 오늘 조금이라도 더 노력하는 부분들은 무엇인가요?

3. 학교에 또 지각했을 지라도 시오의 노력을 외면하지 않고 알아준 엄마는 어떤 마음으로 아이를 맞이했을까요? 나는 아이의 노력에 대해 어떻게 칭찬할 수 있을까요?

사춘기 내 아이, 어떻게 칭찬하면 좋을까요?

1) 아이의 행동이 발생한 직후 칭찬하기

- 아이의 행동을 세심하게 관찰한 후, 즉시 칭찬하는 것이 가장 효과적이다.

2) 간결하고 명료하게 칭찬하기

- 거창하게 긴 말보다 구체적인 표현으로 간결하게 칭찬하라.
  : "일찍 일어나려고 노력해줘서 고마워"라는 표현만으로도 충분할 때가 있다.
- 칭찬하면 끝이다. 잔소리로 이어지지 않게 조심!
  예) "네가 늦지 않으려고 알람을 맞추고 잤네. 노력이 정말 멋있어! 그런데.. 그러면 바로 학교로 갔어야지, 왜 또 곤충을 따라가다가 늦은거야?"와 같이 칭찬에서 잔소리로 끝나지 않게 조심하기

3) 과정에 주목해주기

- 결과보다는 노력의 과정을 알아주는 것이 중요하다.
  예) 열심히 노력하는 모습이 참 보기 좋다.

4) 행동을 칭찬하기

- 인격과 특성이 아닌 행동에 주목하라
- 인격을 칭찬하는 것은 듣는 사람으로 하여금 부담감을 느끼게 한다.
  예) 정리를 다 하고 착하네 (X)
      정리를 잘하니 주변이 깨끗해졌다. 고마워 (O)

5) 진실된 마음으로 하기
- 칭찬할 마음이 들지 않는데 억지로 하는 것은 역효과를 낳는다.
    : 아이들은 기가 막히게 엄마의 진심을 안다. 엄마가 진실된 마음으로 칭찬하지 않을 땐, 아이는 비아냥거릴 수 있다.
- 그럴 땐 관심을 갖고 믿어주며 기다려주는 것이 더 중요하다.

6) 누군가와의 비교가 아닌, 아이 자체의 행동과 노력 칭찬하기
- 경쟁심을 유발하는 칭찬은 당장은 행동 변화를 유발할 수 있을지 몰라도 결과적으로는 긴장감과 부담감과 같은 불편한 감정만 남기게 된다.

7) 섣부른 칭찬보다 위로와 격려가 필요할 수 있음을 기억하기
- 낙관적이고 과도한 칭찬은 부담감을 줄 수 있다.
- "넌 다 잘하니까 모든 게 잘 될거야"라는 말보다 묵묵히 기다리며 믿어주는 것이 칭찬보다 더 효과적일 때도 많다.

"엄마는 오늘도 시오가 학교에 늦은 걸 알아요.
하지만 내일 시오가 더 노력할 것도 알아요
엄마는 시오가 늘 자랑스럽답니다."
『행복한 나무늘보』중에서

여기 어딘가 조금씩 부족하지만 즐겁게 살아가는 다섯 명의 친구들이 있습니다. 그러던 어느 날 이들 앞에 완벽한 친구가 찾아옵니다. 어딘가 하나씩 부족해서 아무것도 하지 않는 다섯 명의 친구들과 무엇이든 잘하는 완벽한 친구. 이들의 대화에서 우리는 내가 가진 부족함이 또 나를 나답게 만드는 개성이 될 수 있다는 것을 배울 수 있습니다.

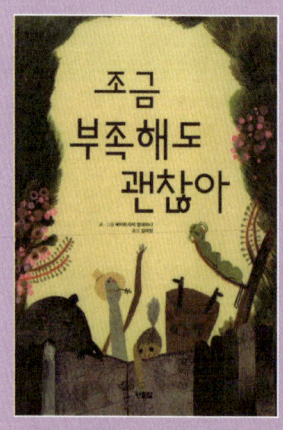

조금 부족해도 괜찮아

루이즈 블레이든 글 | 앤절라 페리니 그림 | 길미향 옮김 | 현북스

제8화

빛과 그림자를
모두 볼 수 있는 힘

어딘가 조금 부족한 우리

『조금 부족해도 괜찮아』의 주인공 다섯 명의 친구들은 어딘가 하나씩 부족합니다. 배에 큼직한 구멍이 있는 친구, 꾸깃꾸깃 구겨진 몸을 가진 친구, 물렁물렁한 몸 때문에 늘 피곤한 친구, 거꾸로 친구, 모든 게 엉망진창 못난이 친구. 이 부족한 친구들은 금방이라도 무너질 것 같은 집에서 특별할 것 하나 없는 그저 그런 일상을 살아갑니다. 누가 가장 못났는지에 대해서 입씨름을 하는 평범하지만 즐거운 일상을 살아갑니다. 솔직히, 이들의 모습이 한심해 보이지 않나요? 단언컨대 이 부족한 친구들의 모습이 우리가 바라는 이상적인 모습은 아닐 것입니다.

엄마인 나에게도 내 아이가 부족해 보이는 순간들이 있습니다.
수인이 엄마는 어릴 때부터 친구들과 잘 어울리지 못하는 아이가 걱정스러웠습니다. 수인이는 지나치게 낯을 많이 가리고, 수줍음이 많은 아이였죠. 친해지면 말을 잘하는 아이지만, 친해지기까지 시간이 너무 오래 걸렸고, 학기 초 이미 친해진 친구들 사이에서 겉돌기 일쑤였습니다. 친구가 인사해도 얼굴을 쳐다보지 않고 가만히 있는 수인이에게 먼저 다가오는 친구는 없었습니다.

아이의 부족함은 아이뿐 아니라 엄마에게 상처가 됩니다. 수줍음이 많았던 엄마 또한 친구관계에 늘 힘들었기에 학기 초마다 힘들어하는 수인이의 모습을 바라보는 엄마의 마음도 타들어 갔습니다. 속상하고 답답한 마음에 수인이를 진심으로 공감할 수가 없었습니다. 극복해보라며 다그치기 일쑤였고, 도대체 뭐가 그렇게 부끄럽냐며 화를 내기도 했습니다. 결국, 수인이와 엄마의 사이도 점점 멀어졌습니다. 수인이도 자신의 모습이 싫어 점점 자신감을 잃어갔습니다. 중학생이 되어도 여전히 친구들에게 다가가지 못하는 수인이의 모습에, 엄마도 그만 내 아이지만 참 한심하다는 생각까지 들었습니다. 엄마는 아이의 부족함에 집중하며 무기력해지기 시작했습니다. 그래도 뭐라도 해야지 싶어, 고민 끝에 학교 상담실을 찾았습니다.

부족함에만 집중할 때 놓치는 것들

수인이 엄마의 마음을 백번 공감하며 상담을 이어 나갔습니다. 중학생이 되었음에도 친구에게 인사조차 하지 못하는 수인이의 모습은 분명 도움이 필요한 일입니다. 하지만 수인이의 수줍음이 무조건 해결해야만 하는 '문제'라고만 말하는 수인이 엄마의 말이 조금 불편했습니다. 문제는 수인이 역시 그렇게 자신을 느낀다는 것이었죠. 수인이에게는 '부끄러워서 말도 못하는 머저리'가 자신을 지칭하는 단어이자 정체성이 돼버렸습니다. 그러다보니 점점 자신에 대해 더욱 부정적으로 생각하게 되는 당연한 결과가 이어졌습니다.

안타깝게도 엄마와 아이 모두 아이의 '수줍음'에만 집중하다보니 다른 여러 가지 모습을 놓치고 있었습니다. 수인이는 수줍었지만 신중했고, 적응하는 데까지 시간이 오래 걸리지만, 누구보다 성실한 아이였습니다. 말수는 적지만, 듣는 걸 잘했고, 말을 유창하게 잘하진 못해도 조리 있게 글을 잘 썼습니다. 사람은 누구나 잘하는 게 있으면 못하는 게 있고, 좋은 게 있으면 그렇지 않은 부분도 있는 입체적이고 통합적인 존재입니다. 하지만 엄마와 수인이는 부족한 부분에 집중하느라 이 중요한 사실을 간과하고 있었던 거죠.

아직 인지적으로, 심리적으로 성장 중인 사춘기 아이는 시야가

좁습니다. 하나에 집중하면 다른 점들을 바라보기 힘듭니다. 나의 어떤 부분이 부족하다고 생각되면 부족한 점에만 집중합니다. 그러면 나는 완전히 부족한 사람으로 전락하고 맙니다. 사춘기 아이에게는 그 누구보다 아이를 통합적이고 전체적인 관점에서 바라봐주는 어른이 필요합니다. 아이에 대해 부족하다고 느껴지는 어떠한 모습이라도 그 양면을 다 봐주어야 합니다.

  자녀의 어떤 부족한 행동에 주목하고 고쳐야 한다는 생각이 들 수 있습니다. 자녀를 사랑하기에 자연스럽게 들 수 있는 생각이기도 합니다. 하지만 엄마라면 아이가 가진 어려움으로 인해 힘들지만, 또 그로 인해서 좋은 점도 있다는 것을 알아줘야 합니다. 부족한 점과 좋은 점을 통합해가는 눈을 가진 엄마로부터 아이는 입체적인 나를 만날 수 있습니다.

부족한 이면의 괜찮음도 함께 바라봐줄 수 있는 엄마

『조금 부족해도 괜찮아』로 돌아가 볼까요. 부족한 자신을 한심하게 바라보며 아무것도 아니라고 말하는 완벽한 친구 앞에서 이들은 자신의 모습을 통합적으로 바라볼 기회를 얻게 됩니다. 한 친구는 몸에 구멍이 통통 나 있기 때문에 화가 나도 구멍으로 다 빠져나가서 화를 내지 않습니다. 또 다른 친구는 주름이 있기 때문에 주름 사이사이 추억을 가득 간직하고 있습니다. 물렁물렁한 몸 덕분에 화가 나도 잠을 잘 잘 수 있는 친구. 거꾸로라서 다른 사람이 보지 못하는 것을 볼 수는 친구. 모든 게 엉망진창이라서 모든 걸 망쳐버리기에 가끔씩 성공할 때 누구보다 큰 기쁨을 느낄 수 있는 친구. 이 얼마나 나름의 행복한 친구들인가요. 오히려 너무 완벽하기에 다른 사람을 절대 이해하지 못한 완벽한 친구는 세상에 둘도 없는 바보가 된 기분을 느끼며 그림책은 끝이 납니다.

빛이 있으면 그림자도 있습니다. 빛이 큰 만큼 그림자도 클 수밖에 없습니다. 우리의 어떤 모습도 마찬가지입니다. 100퍼센트 다 좋고 다 나쁜 것은 이 세상에 존재하지 않습니다. 누구에게나 약한 것이 있으면 또 강한 것이 있기 마련입니다. 반대의 경우도 마찬가지죠. 너무 완벽해서 다른 사람의 부족함을 한심하게 여긴다면 그것 역시 그 사람이 가진 부족함일 수도 있습니다. 무엇보다 중요한 것은 내가 가진 여러 가지 모습 속에서 내가 이만하면 괜찮다는 것을 스스로 알아주는 것입니다. 대체로 괜찮은 나를 찾아내는 것 말입니다.

수인이와 함께 '수줍음'이라는 틀에서 벗어나 자신의 다양한 모습을 찾아보았습니다. 그리고 그 모습을 자신만의 긍정적인 언어로 표현해보았습니다. 다른 사람을 잘 배려하는, 기다릴 줄 아는, 노력하는, 긍정적으로 생각하는 등 '수줍음' 이면의 좋은 모습들이 쏟아져 나왔습니다. 수인이는 원래 있던 자신의 모습을 새롭게 발견하는 기회를 가졌습니다. 자신감을 잃고 생기가 없던 아이의 눈동자가 빛이 났습니다.

수인이 엄마도 마찬가지였습니다. 수인이의 수줍은 모습 이면의 좋은 모습들을 함께 찾고 나눠보았습니다. 이 과정에서 엄마는 몇 번이고 눈물을 삼켰습니다. 부족해 보이는 한 부분에만 신경을 쓰느라 아이가 가진 여러 가지 좋은 모습들을 놓치고 있었다는 사실에 미안함이 가득해 보였습니다. 엄마와 함께 자신의 강점을 상기시키며 수인이는 조금씩 자신감을 얻었습니다. 조금 실망하고 실패해도 괜찮습니다. 그래도 대체로 나는 괜찮은 사람이라는 것을 믿기에 견디고 극복해나갈 수 있으니까요.

그리고 엄마인 내 모습도 그렇게 바라봐주면 어떨까요? 심리적으로 성숙한 사람은 한 사람의 좋은 면과 그렇지 않은 부분도 떠올릴 수 있는 사람입니다. 내 안에는 정말 괜찮은 부분도 있지만, 그렇지 않은 부분도 있다는 것을 받아들일 수 있는 용기가 있었으면 좋겠습니다. 여러 가지 모습들이 한데 섞여 나라는 사람이 존재한다는 것을 인정해주는 것이죠. 혹, 내가 너무 싫은 내 모습이 나를 집어 삼키려 할지라도, 괜찮고 좋았던 내가 사라지는 것이 아니라는 사실을 기억해주었으면 좋겠습니다. 지금 아이와의 관계도 마찬가지입니다. 완전히 끝장날 것 같은 지랄발광 사춘기 시기도 하나둘 지나갑니다. 지나고 보면 또 그럭저럭 괜찮은 것들이 우리 관계에 존재할 것입니다.

그림책 활동

한 권의 그림책을 더 만나볼까요?

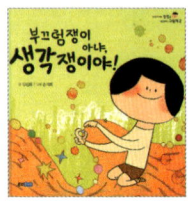

부끄럼쟁이 아냐, 생각쟁이야!
김민화 글 | 손지희 그림 | 웅진주니어

부끄러워 말은커녕 인사도 제대로 하지 못하는 아이. 그런데 아이는 정말 부끄럼쟁이기만 할까요? 이 책은 부끄러워하는 아이의 또 다른 측면들을 조망해주며, 한 아이를 긍정적이고 전체적으로 이해할 수 있게 도와줍니다.

1. 그림책에 등장하는 문장들을 읽어볼까요?

   "나에겐 여러 가지 모습이 있어요. 왜 부끄럼쟁이로만 봐요?"

2. 내 시선에서 문제라고만 바라봤던 자녀의 모습이 있나요?

3. 자녀의 모습을 재정의 해보며, 통합적으로 이해해볼까요?
   예) "부끄러움이 많다" 대신에 "조심성이 있다."

> "나에겐 여러 가지 모습이 있어요.
> 내가 잘하는 걸 먼저 봐 주세요.
> 그럼 난 부끄럼쟁이가 아니에요."
> 『부끄럼쟁이 아냐, 생각쟁이야!』 중에서

지랄발광 사춘기 ∞∞∞ 흔들리는 사십춘기

Q.
[당신의 엄마에게
마지막으로 안부를 물어본 건
언제인가요?]

워킹맘인 엄마는 바쁩니다. 집에서 엄마를 기다리는 아이를 만나기까지 해야 할 일이 산더미처럼 쌓여있습니다. "엄마 왜 안 와?"라고 묻는 아이에게 엄마가 빨리 해결하고 갈 테니 조금만 기다려 달라고 말하는 엄마의 마음은 어떨까요? 엄마를 기다리는 아이에게 바로 달려가지 못하는 엄마의 하루는 어떤 시간일까요?

엄마 왜 안 와
고정순 지음 | 웅진주니어

그럭저럭 괜찮은
엄마(Good enough mother)를 위해

나만 알았던 때와 달리, 옷가게 들어서면 자연스럽게 아이의 옷을 먼저 고르고, 맛있는 게 생기면 아이의 입에 먼저 넣어주는 엄마가 된 지 십여 년의 세월이 흘렀습니다. 이제는 엄마가 아닌 나를 떠올리기도 힘들 만큼, 엄마로 살기 위해 내 나름의 최선을 다했다고 생각합니다. 그런데 내가 마주한 현실이 사춘기 아이와 매일 반복되는 전쟁인 것이 조금은 허무합니다. 직장에서도 십 년 넘게 열심히 일한 직원은 인정해주고 승진도 시켜주는데…. 십 년 이상의 엄마 경력이 쌓였건만, 어쩐 일인지 인정은커녕 매일 엄마를 향해 눈을 흘기는 사춘기 아이를 마주하고 있습니다. 변해버린 아이를 보며 혹시 내가 잘못한 건 없는지 내가 했던 행동과 말들을 하나씩 되짚어 봅니다. 생각이 깊어지면 아이의 어린 시절까지 세월을 거슬러 올라가기도 합니다.

"그때 동생이 생겼을 때, 아이가 많이 힘들어 했는데…, 내가 너무 마음을 몰라줬었나?"

"그때 그렇게 할머니 집에 무심코 맡기는 게 아니었는데…, 괜히 한 푼이라도 더 번다고 아이를 혼자 둔 건 아닐까?"

"어린이집에 처음 보낼 때, 자지러지게 울었는데 그때의 충격이 트라우마로 남은 건 아닐까?"

지금껏 괜찮았던 기억도 괜찮지가 않아집니다. 마음이 시큰거립니다. 그러다가 혹여 아이가 날 원망하는 모진 말을 뱉어내면, 겨우 유지하던 마음의 평정은 와르르 무너집니다. 자존감이 지하 3층까지 거뜬히 땅굴을 파고 들어갑니다. 힘든 순간도 꾹 참으며 엄마라는 이름으로 열심히 살아왔는데 마음이 먹먹해집니다. 상한 자존심을 들키고 싶지 않아서 나도 아이에게 모진 말들을 똑같이 뱉어냅니다. 그러면 아이가 또 상처받진 않을까? 사춘기인 아이가 나 때문에 더 어긋나는 건 아닐까? 죄책감이 내 마음을 집어삼킵니다. 이 모든 것이 다 내 잘못인 것만 같습니다.

『엄마 왜 안 와』에서는 주어진 하루를 열심히 감내해가는 엄마가 등장합니다. 아이의 독백, "엄마, 언제 와?"로 시작되는 그림책을 한 장 한 장 넘기다 보면, 엄마의 하루가 얼마나 정신없고 치열했는지를 알 수 있습니다. 엄마는 일터에서 자꾸만 새로운 일을 토하는 코끼리, 잠도 안자고 울어대는 전화기 새, 화가 잔뜩 난 꽥꽥 오리 상사를 도와야 합니다. 하염없이 엄마를 기다릴 아이가 눈에 밟히지만, 당장 달려갈 수 없습니다. 마음은 이미 아이 곁으로 달려갔지만, 몸은 주어진 하루를 허둥지둥 살아낼 뿐입니다. 다른 이들을 돕는다고 내 아이를 아프게 하는 게 못내 미안하기만 합니다. 홀로 있는 아이에게 내가 할 수 있는 말이라고는 "조금만 기다려줄래? 엄마가 곧, 잘 해결하고 갈게"뿐 입니다. 엄마는 이토록 최선을 다하지만, 왜 항상 미안할까요? 엄마는 왜 항상 자신의 부족한 점만 먼저 생각하게 될까요?

엄마라면 누구든 내 아이를 잘 키우고 싶어합니다. 아이가 원하는 건 다 해 줄 수 있는 좋은 환경을 제공하고 싶어 합니다. 경제적 능력이 뛰어나고, 똑똑한 엄마. 아이에게 힘든 일이 생기면 혜성같이 나타나 모든 어려움을 척척 처리해주는 엄마. 마음 속 우물 안에 사랑이 넘치고 넘쳐 아무리 퍼주어도 부족함이 없는 사랑을 지닌 엄마. 어떤 문제든 다 해결해줄 수 있는 완벽한 엄마. 슈퍼맨처럼 모든 걸 다 척척 잘 해내는 해결사 엄마가 되고 싶었습니다. 그러면 아이가 이 척박한 세상을 살아내기가 더 편하지 않을까요? 완벽한 엄마 밑에서 상처 없는 완벽한 아이로 잘 자라날 수 있지 않을까 생각했습니다.

많은 이들이 사랑하는 아이를 위해서 완벽한 부모를 추구합니다. 저 역시 그런 마음에 수없이 흔들렸기에 백번 공감합니다. 하지만 완벽한 엄마란 불가능할 뿐 아니라 아이에게도 좋은 것만은 아닙니다.

대상관계 이론에서는 아이에게 단 하나의 좌절도 제공하지 않으려고 애쓰는 불안한 엄마의 모습을 '완벽한 엄마(Perfect mother)의 비애'라고 부릅니다. 아이에게 좌절을 주지 않으려고 하는 엄마의 노력은 좋은 것 아닐까요? 왜 비애라는 단어를 붙이는 것일까요? 완벽을 제공하려고 하면 할수록, 그러지 못하는 죄책감이 뒤따르기 때문입니다. 불가능한 그것을 힘에 넘치게 애쓰면 애쓸수록 엄마인 나의 한계가 더 뚜렷하게 드러날 수밖에 없습니다. 죄책감은 엄마를 갉아먹습니다. 죄책감이 계속 있으면 아이를 잘 키울 수가 없습니다. 죄책감을 불러일으키는 아이가 어느 순간부터 한없이 불편해집니다. 피하고 싶어집니다. 정작 가장 중요한 아이와 함께 보내는 시간이 소홀해집니다. 지금 어떻게 좋은 관계 속의 행복한 시간을 보낼 수 있을까 고민하기보다는 아이를 위해서 한 푼이라도 더 벌고, 아이를 위한 정보를 모읍니다. 그렇게 아이를 위한 완벽을 제공할 수 있는 엄마가 되고자 최선을 다하지만, 여전히 공허하고 힘에 부치는 건 어쩔 수 없는 모양입니다.

대상관계 이론가인 위니컷(Winnicott)은 완벽한 엄마가 아닌 그럭저럭 괜찮은 엄마가 가장 좋은 엄마라고 말합니다. 그럭저럭 괜찮은 엄마는 어떤 엄마일까요? 그럭저럭 괜찮은 엄마(good enough mother)는 아이에게 무관심하지도 그렇다고 지나치게 간섭하지 않으면서도 사랑과 돌봄의 감정을 잘 전달하는 엄마입니다. 좌절을 주더라도 항상 거기에 있어 주는 엄마입니다. 좌절을 주더라도 대체로 공감적인 엄마 밑에서 아이는 스스로 좌절을 극복해가며 성장할 수 있습니다. 엄마가 무엇을 해 줄 때가 아닌 해주지 못할 때, 아이는 자기의 힘으로 어려움을 뚫고 세상을 향해 나아가볼 용기를 낼 수 있습니다. 상처를 받아도 언제든 안아주고 위로해주는 엄마의 존재 자체를 믿으며 아이는 이 어려운 세상에서 그럭저럭 괜찮은 어른으로 성장해나갑니다.

『엄마 왜 안 와』에 그럭저럭 괜찮은 엄마가 등장합니다. "엄마 빨리 와"라고 이야기하는 아이에게 당장 달려가겠다고 말하지 않습니다. 이것이 아이에겐 좌절임을 알지만, 엄마는 염려와 걱정을 잠깐 내려놓고 주어진 내 하루를 묵묵히 살아냅니다. 엄마는 아이와 함께했던 대체로 공감적이고 행복했던 나날들에서 아이가 버티고 기다릴 수 있는 힘을 지녔다고 믿습니다. 엄마는 모든 일을 마치고 다람쥐같이 달려 나갑니다. 어두운 밤길을 달려 용감하게 아이를 향해 뛰어갑니다. 아이가 좋아할 음식을 잔뜩 사들고 양손

가득 무겁게 뛰어가는 엄마, 그런 그럭저럭 괜찮은 엄마를 아이는 함박웃음으로 맞이하며 꼭 안아줍니다. 기다림 끝에 주어진 하루의 선물이 우리의 마음을 녹입니다.

중요한 건 늦든, 늦지 않든 결국엔 변함없이 아이에게 달려가는 엄마입니다. 상처를 주든, 주지 않든 변함없이 아이를 사랑하고 옆에 있어 주는 엄마입니다. 엄마로서 실수하고, 잘못된 선택을 하고, 몰라서 중요한 것을 놓치거나, 의도와는 다르게 아이에게 상처를 주었다고 해도, 변함없이 그저 옆에 있어주는 엄마는 아이에게 있어 이만하면 괜찮은 엄마입니다. 가만히 들어주지 못하고 윽박지르거나 답답한 마음에 칭찬보다 구박을 먼저 할 수도 있습니다. 공감에 실패하더라도 공감을 해보려고 노력해보는 엄마는 완벽한 엄마는 아닐지라도 이미 충분히 좋은 엄마입니다.

무슨 일이 있어도 나를 믿어주고 사랑하는 엄마가 주는 어느 정도의 좌절은 아이에게 괜찮습니다. 그러니 최선을 다한 충분히 좋은 나를 안아주고 위로해주었으면 좋겠습니다. 지금껏 잘해오지 못했더라도 괜찮고, 지금도 어떤 부분들을 놓치더라도 괜찮습니다. 더 잘하고 싶은 마음. 더 완벽해지고 싶은 마음. 아이에게 더 좋은 엄마가 되고 싶은 마음을 잠깐은 내려놓아도 됩니다. 우리에겐 앞으로 더 무수한 나날들이 있고, 오늘 좀 싸우고 힘들고 상처받았을지라도, 앞으로 다시 그 상처를 어루만질 수 있는 기회는 언제든지 다시 생긴다는 것을 기억했으면 좋겠습니다. 나에게도, 아이에게도 성공적인 하루를 요구하기보다는 좀 부족해도 괜찮다는 너그러운 마음으로 이 하루를 넉넉히 안아주었으면 좋겠습니다.

엄마로써 아이에게 부족하고 미안한 것이 많은가요? 엉성하고 부족한 것 투성이지만 내 나름 좋은 엄마가 되려고 그동안 최선을 다하지 않았나요? 지금도 이 책을 읽으며 사춘기 아이를 조금이라도 이해해보려고 노력하고 있지 않나요? 그러니 죄책감은 내려놓고 내가 최선을 다했던 지점을 인정해주고 안아줍시다. 이미 충분히 괜찮은 나와 사춘기 아이와 함께 하는, 때론 힘들고, 때론 행복한 날들에 너무 겁먹지 않았으면 좋겠습니다.

실수하면 안 되는 완벽한 세상보다 실수해도 괜찮은 세상, 절대로 상처받으면 안 되는 관계보다는 상처받아도 다시 극복해 나갈 수 있는 관계 속에서 나와 내 아이가 좀 더 편안해졌으면 좋겠습니다.

"아이야. 내 너를 오늘 하루 온전히 공감하지 못했더라도 언제나 사랑하고 믿어주는 엄마가 있다는 것을, 네게 상처를 줄 때가 있더라도 네가 나를 필요로 할 때 언제든 달려갈 수 있는 엄마가 있다는 것을 꼭 기억해주렴."

| 추천의 글

아이들이 자라 사춘기가 되면 엄마와 아이의 관계에 큰 변화가 옵니다. 아이는 부모에게서 심리적으로 분리되어 자기 자신이 되어가는 낯설고 두려운 길 위에 서게 됩니다. 이 아이를 어떻게 이해하고 도울 수 있을까요? 청소년 상담전문가이자 사춘기 아이들을 키우는 엄마인 두 저자는 엄마들에게 우선 엄마 자신의 마음을 자세히 살펴보고 돌보라고 말합니다. 그런 다음 저자들은 아이들의 마음과 엄마의 마음을 다시 이어줍니다. 이들의 위로와 조언이 빛나는 것은 엄마로서 상담자로서 경험하고 배운 것들을, 탄탄한 학문적 기반 위에, 진심을 담아 우리에게 들려주기 때문일 것입니다.

_가톨릭대학교 심리학과 정남운 교수

모성만큼 무거운 짐이 있을까? 모성만큼 무서운 애정이 또 있을까? 그래서 이야기할 것이 너무 많고 한편 참 조심스러운 주제다. 쉽지 않은 이 주제를 그림책과 연결한 책에 호기심이 생긴다. 어려울수록 쉽게 이야기하는 것이 좋다는 점에서 나는 그림책을 끼고 이 어렵고 무서운 주제에 성큼 다가가 준 저자들이 고맙다. 어느 시기인들 모성이 쉬울 때가 있을까마는 사춘기 시절의 아이들은 방향을 잡기가 또 만만치 않다는 점에서 이 책은 그 시절 아이들과 엄마의 고군분투를 다루고 있으니 역시 도움이 될 듯하다. 살아가면서 인간이 가진 가장 중요한 주제와 어려운 시점을 그림책이라는 부드러운 매체를 통해 엄마들에게 실제적 조언을 제시했다는 점에서 많은 부모들에게 도움이 될 것이다. 또한 이 책에 담긴 '책 속의 책'을 떠올리며 아이와 나눌 진심을 발굴하는 즐거움을 누리게 될 것이라 기대한다.

_광운대학교 상담복지정책대학원 권경인 교수(『엄마가 늘 여기 있을게』 저자)

실제 부모들이 느끼는 고민들을 부모의 시선과 학교 상담전문가라는 시선으로 잘 담겨있어 아이들을 이해하는데 많은 도움이 될 것입니다. 무엇보다 주제들과 연결된 책들을 소개한 부분이 한층 사춘기 아이들을 이해하는데 도움을 주어 부모로서 아이들에게 좀 더 다가갈 수 있도록 해줍니다. 사춘기 자녀를 두고 노심초사하는 엄마의 훌륭한 입문서가 될 것이라 생각합니다.

_가톨릭대학교 심리학과 유금란 교수

아이들이 자랄수록 엄마와 함께 읽던 그림책은 철 지난 꽃처럼 시들어간다. 그림책도, '함께'도, 더는 사춘기 아이와 공존하지 않는 단어이다. 그러나 바로 그때, 사춘기 자녀와의 관계 뿐 아니라 나 자신과의 관계를 재정립해야 하는 중년의 엄마에게 오래전 아이와 함께 읽었던 그림책은 연고와 밴드가 되어준다. 그림책을 통해 여전히 사랑이 필요한 내면의 어린이를 발견하고, 헝클어진 관계의 회복을 꿈꾸게 된다. 『지랄발광 사춘기 흔들리는 사십춘기』는 그림책의 감성과 심리이론의 이성을 접목하여, 아이의 길을 응원하고 자신의 색을 찾는 엄마들을 지지하는 책이다. 어린이와 청소년 경계에 서 있는 아이를 생각하며 다크 초콜릿 조각을 녹여 먹듯 이 책을 읽었다. 우리는 서로 한번은 찢겨져 나가야 하는 사이라고, 그러나 씁쓰레한 눈물 뒤에도 사랑은 분명 우리를 엮어줄 거라고. 그 믿음을 지키기 위해 이 책이 존재한다.

_황유진 작가(『어른의 그림책』, 『너는 나의 그림책』 저자)

사춘기의 열병을 앓는 아이와 함께 엄마 역시 사십춘기의 흔들림의 시간을 보냅니다. 엄마로 갈 길을 잃고 헤매는 시절을 맞아 학교에서 아이들을 만나는 전문상담교사인 저자들이 들려주는 이야기는 우리에게 좋은 이정표가 되어줄 것입니다. 오늘도 사춘기 아이들과 분투하는 마흔의 엄마들에게 이 책을 권합니다.

_최정은 작가(『마흔에게 그림책이 들려준 말』 저자)

| 저자 소개

김지영

울긋불긋한 여드름, 쌉싸름한 고민투성이였던 사춘기 시절부터 친구들의 고민을 들어주며 청소년 상담자를 꿈꿔왔습니다. 끌리듯 자연스럽게 심리학을, 상담심리를 공부하고, 15년째 청소년부터 성인에 이르기까지 다양한 아픔으로 호소하는 이들과 인연을 맺고 있습니다. 2012년부터 청소년을 가장 가까이 만날 수 있는 학교 현장에서 전문상담교사로 근무하는 한편, 대학 내 상담심리전문가 양성과정의 슈퍼바이저(한국상담심리학회 전문가)로 활약하며 초심 상담자들을 양성하는 일에 참여하고 있습니다. 해진 옷도 아기자기한 자수로 예뻐지듯, 상처 난 마음에 아름다운 자수를 놓는 일을 상담으로 여기며 오늘도 청소년 아이들과 학부모와 함께하고 있습니다.

인스타   @mind.needlework
블로그   blog.naver.com/group2017 (내 마음을 부탁해)

김신실

대학에서 심리학을, 대학원(박사과정 중)에서 상담심리를 공부했다. 정답 없는 육아와 인생, 어렵고 혼란스러운 감정의 소용돌이 속에서 순간순간 상담의 경험을 떠올리며 글을 쓴다. 10여 년간 아동청소년 상담전문가로, 그들을 만나는 상담자들을 지도하는 슈퍼바이저로, 그리고 중학교 전문상담교사로 활동하며 아이와 엄마의 마음과 함께 하고 있습니다. "엄마가 살아야 가정이 산다"라는 모토로, 온라인 엄마 마음 학교를 운영하며 엄마들의 마음과 함께 하고 있습니다.

인스타   @counselorsosomom
블로그   blog.naver.com/jesuslovoo7 (상담하는 쏘쏘엄마)
카페   cafe.naver.com/momsolution (엄마 마음 학교)